Eva Murges

Intuitives Tarot – Folge deinem inneren Licht

Das Buch

Die Weisheit des Tarot – ganz neu interpretiert. Dieser intuitive Zugang zum Tarot öffnet verborgene Türen zu unseren unbewussten Wünschen, Sehnsüchten und unserer innersten Weisheit. So erkennen wir, wo wir gerade stehen und wie wir uns ausrichten können, um gut für uns selbst zu sorgen und die Herausforderungen des Alltags erfolgreich zu meistern.

Die Autorin

Eva Murges, geboren 1988 mit Sonne und Mond im Steinbock und dem Aszendent in den Fischen, hatte bereits erste belletristische Bücher veröffentlicht, bevor sie ihre Liebe zum Tarot und der spirituellen Welt wiederentdeckte. Heute bietet sie erfolgreich Karten-Legungen an und bildet sich auf vielen Wegen des inneren Wachstums und der Selbstfindung weiter. Gemeinsam mit ihrem Mann und ihren beiden Kindern lebt sie in Köln.

EVA MURGES

Intuitives TAROT

Folge deinem inneren Licht

Wie du die Karten
selbst deutest und Antworten
auf deine Lebensfragen findest

WILHELM HEYNE VERLAG
MÜNCHEN

Penguin Random House Verlagsgruppe FSC® N001967

2. Auflage
Originalausgabe 08/2022

Redaktion: Dr. Diane Zilliges
Kartenabbildungen: © Alisovna
Umschlaggestaltung: Guter Punkt, München unter Verwendung von
Motiven von © Alina Kvaratskhelia / iStock / Getty Images Plus; © aekikuis/
iStock / Getty Images Plus; © letoosen/ iStock / Getty Images Plus
Layout & Satz: Satzwerk Huber, Germering
Druck und Bindung: CPI books GmbH, Leck
Printed in Germany
ISBN 978-3-453-70432-9

www.heyne.de

Für alle,
die mutig genug sind, ihrem inneren Licht zu folgen und
die Welt dadurch ein Stückchen heller strahlen zu lassen.

Der Weg liegt nicht im Himmel.
Der Weg liegt im Herzen.

BUDDHA

Inhalt

Was dein Herz dir sagt

Schon lange bevor ich dieses Buch begonnen habe, ist mir das Thema Intuition immer wieder begegnet und ich habe mich oft gefragt: »Was soll der ganze Hype?« Bei all der Mühe, die da oft durchklang, hat sich vieles gar nicht mehr intuitiv angefühlt und mich ehrlicherweise eher frustriert als motiviert. Vielleicht geht es dir da ganz genauso.

In den letzten Jahren haben Dutzende neue Coachingansätze, Selbsthilfebücher und Podcasts zum Thema Persönlichkeitsentwicklung das Licht der Welt erblickt. Wir können uns quasi auf jeder Ebene unseres Lebens transformieren. Ob es unseren Kleiderschrank oder unseren Körper betrifft. Mir persönlich ist das meistens zu viel. Diese Massen an Informationen und Möglichkeiten erschlagen mich nahezu und geben mir das Gefühl, nicht richtig zu sein. Auch wenn ich natürlich weiß, dass all die Coaches und Autoren nur das Beste für mich wollen. Wahrscheinlich haben sie ihre Bücher mit einer ähnlichen Intention geschrieben wie ich dieses Buch, das du hier gerade liest.

Doch für mich fühlte es sich oft so an, als würde ich mich durch all die Arbeit, die da verlangt wurde, noch weiter von mir und meiner inneren Stimme entfernen. Jeden Tag wurde ich auf Social Media überflutet: fünf Tipps für mehr Geldfluss, drei Strategien, um in eine höhere Frequenz zu kommen, acht Mindset-Übungen für das Wochenende …

Während ich also fleißig dabei war, mich selbst zu optimieren, wurde ich vor allem eins: immer unglücklicher. Wenn ich traurig war, konnte ich das nicht mehr annehmen, da mir vorgelebt und suggeriert wurde, dass ich doch so vieles habe, für das ich dankbar sein kann. Getreu dem Motto »Good vibes only« war dort kein

Platz mehr für Emotionen wie Trauer, Angst, Wut oder schlichtweg Hilflosigkeit.

Ich habe mich also zurückgezogen, bin den Accounts auf Instagram entfolgt, die mich in irgendeiner Form belastet haben, und habe mich auf die Suche nach einer Methode gemacht, die mir guttut. Lange Zeit hat sich diesbezüglich aber erst einmal gar nichts getan.

Die Wende kam für mich in einer Phase tiefer Trauer. Ich habe meine Mama verloren und auf einmal war da so viel Leere in mir, trotz all der Dankbarkeit für meine Familie, für meine Gesundheit und meine Möglichkeiten. Mir wurde schmerzlich bewusst, dass das Leben endlich ist und dass ich zu viel Zeit in Dinge investiert hatte, die gar nicht für mich bestimmt waren. Viel zu oft habe ich meinem Außen die größtmögliche Aufmerksamkeit geschenkt und mein Inneres vergessen.

Mit dieser Erkenntnis kam ich mehr bei mir an als jemals zuvor. Ich weiß, dass diese Trauerphase auch mit den heutigen Zeilen noch nicht vollends überwunden ist, und ich nehme mir die Zeit dafür.

Jede Phase hat etwas Gutes. Genau in dieser akuten Trauerphase habe ich meinen Weg zurück zum Tarot gefunden. Ich hatte es einige Jahre eher vernachlässigt, doch nun gaben mir die Tarotkarten Beständigkeit und sind mir seither ein wertvoller Kompass. Es gab Tage, an denen ich nicht wusste, wie es für mich weitergehen soll, doch die Karten waren das Sprachrohr meiner inneren Stimme. Ich erkannte meine Ängste, aber auch die Möglichkeiten, die trotz des Verlustes vor mir lagen. Wann immer ich es gebraucht habe, hörte ich mich selbst und fand dadurch auch zurück zu meiner Intuition.

Und genau jetzt, mit vierunddreißig Jahren, kann ich sagen, dass ich genau da bin, wo ich sein soll. Ich bin angekommen. Ich mache das, was mir guttut, bin in meiner Mitte und geh meinen eigenen Weg. Dieser Weg mag für andere vielleicht nicht der Richtige sein, aber er ist es für mich. Und das ist es, was zählt. Denn auch wenn das Leben endlich ist, ist es doch zum Leben da.

Heute kann ich sagen, dass jede Emotion zu jeder Zeit okay ist und ich ihr entsprechenden Raum gebe. Ich nehme alles an, wie es kommt. Allerdings versuche ich mich dabei nicht zu stark an Dingen festzuhalten, die ich nicht ändern kann.

Auch Dankbarkeitsübungen empfinde ich als wundervolles Tool, um herauszufinden, was uns wirklich wichtig ist, und nachhaltig glücklich zu werden. Einfach weil sie den Fokus auf das Positive legen, das bereits in uns oder unserem Leben ist. Und weil sie unsere Schwingung erhöhen. Dennoch sind wir alle Menschen und es ist okay, sich nicht jeden Tag gut zu fühlen. Es ist okay, auch mal gestresst zu sein, weil man einen anstrengenden Tag hatte, und es ist genauso okay, wütend zu sein.

Du bist gut, so wie du bist. Und genau das möchte ich noch verstärken. Du darfst dich selbst annehmen, dich lieben, dir Gutes tun und deinen eigenen Wünschen folgen. Du bist wichtig und deshalb hast du auch das Leben verdient, das dich in der Tiefe glücklich macht und erfüllt. Ich möchte dich dabei unterstützen, freier und leichter Entscheidungen zu treffen und deinen Alltag mit mehr Positivität und kleinen Auszeiten für dich zu füllen.

Dafür musst du dein Leben nicht um hundertachtzig Grad drehen, sondern dir lediglich Zeit für dich und deine innere Stimme nehmen. Du kannst dabei absolut nichts falsch machen.

Natürlich ist es ebenfalls in Ordnung, an dir selbst zu arbeiten, wenn du Freude an irgendeiner Art der Persönlichkeitsentwicklung und Transformationsarbeit hast. Go for it!

Es ist alles erlaubt, was dir Freude bringt. Jeder Mensch ist anders. Unser Motto hier ist: Es darf leicht sein und es darf Spaß machen. Und was genau das für dich ist, entscheidest du.

Hast du Lust auf diese gemeinsame Reise? Möchtest du dich wieder mit deiner Intuition verbinden, dir deiner Wünsche bewusst werden und dein Leben aus dem Herzen heraus leben?

Ich freue mich auf dich.

Deine Eva

Warum du dieses Buch jetzt in den Händen hältst

Blicke in dein Inneres! Da drinnen ist eine Quelle des Guten, die niemals aufhört zu sprudeln, solange du nicht aufhörst nachzugraben.

Marc Aurel

Ist es Zufall, dass du dieses Buch jetzt in den Händen hältst? Vielleicht stehst du gerade in der Buchhandlung, hast das Intro gelesen und bist noch immer zögerlich, ob dieses Buch das Richtige für dich ist.

Vielleicht hast du noch ein Deck Tarot-Karten zu Hause und überlegst, es endlich mal aus der verstaubten Schatulle zu kramen. Oder aber du kannst noch nicht viel mit dem Tarot anfangen und fragst dich, wie ein Satz Karten dazu beitragen sollte, dich mit deiner Intuition zu verbinden und dich glücklicher oder gar selbstbestimmter zu machen. An so einen Hokuspokus glaubst du ja auch eigentlich gar nicht … Ich kann dich beruhigen: ich auch nicht. Und das Schönste daran ist: Das müssen wir auch nicht. Tarot ist nämlich weder Hokuspokus noch eine Möglichkeit, deine Zukunft oder die Zukunft anderer vorherzusehen.

Wenn wir mal ehrlich sind, sind die Karten lediglich bunte Bildchen auf Pappkarton. Ihre Magie liegt viel tiefer. Die wahre Magie des Tarot liegt in dir und deinen unbewussten Wünschen und Ängsten. Sie liegt in deiner Intuition und deiner Fähigkeit, deine innere Stimme sichtbar zu machen. Die Arbeit mit den Tarot-Karten ist in weitestem Sinne Energiearbeit, denn Energie ist überall.

Erst gestern hatte ich ein Gespräch mit einer Nachbarin, die gerade beim Thema Energie so ihre Zweifel hat. Nachdem ich ihr erklärt hatte, dass ich auch Tarot-Beratungen über die Ferne gebe, da Energien keine Räume »kennen«, war das Thema für sie abgetan. Dabei können wir das sogar tagtäglich beobachten. Nehmen wir doch einmal den Mond, der aufgrund der Gravitation und der dabei wirkenden Kräfte die Gezeiten verursacht. Wir können also täglich Zeuge der energetischen *Magie* werden – anhand von Ebbe und Flut.

Manche Dinge können wir nicht sehen, wie auch den Strom, der durch die Leitungen fließt, aber sind sie deshalb weniger wahr?

Es gibt sehr viele Tarot-Expertinnen und -Experten und jede arbeitet mit den Karten auf eine ganz eigene Art und Weise, was das Tarot natürlich sehr besonders macht. In einem Punkt aber sind sich alle einig: Die Tarotkarten sind eine wundervolle Möglichkeit, uns unsere gegenwärtigen Energien zu verdeutlichen. In gewisser Weise stimmt es somit auch, dass uns die Karten eine mögliche Zukunft aufzeigen, doch diese ist nicht in Stein gemeißelt. Wir können sie gestalten und verändern – nur sollten wir das auf eine Weise tun, die uns guttut, und nicht auf eine Art, von der wir glauben, sie könnte »richtig« sein. Du bist die Schöpferin, der Schöpfer deines Lebens und wenn dir die Ausrichtung deines Lebens nicht gefällt, dann liegt es an dir, etwas daran zu verändern.

In den folgenden Kapiteln nehme ich dich mit auf eine Reise zu dir selbst. Du wirst etwas mehr über deine Intuition lernen. Darüber, wie du dir selbst immer näherkommen kannst, je mehr du für dich tust. Denn Selbstfürsorge hat nichts mit Egoismus zu tun, sondern dreht sich allein darum, dich selbst wichtig zu nehmen.

Vielleicht geht es dir im Alltag auch so, dass du viel zu oft Ja sagst. Bereits in diesem Moment spürst du schon einen kleinen Stich in der Bauchgegend, der dir ein klares Nein signalisiert. Ich kenne das selbst viel zu gut. Ich möchte am liebsten jedem helfen, für alle da sein, alles schaffen und sage viel zu oft Ja.

Aber wie oft sagst du Ja zu dir?

Dieses Buch soll ein großes JA an dich selbst sein. Ein Ja zu dir und deinen Wünschen. Mach dir bitte bewusst, ein Ja zu dir bedeutet nicht unbedingt ein Nein zu anderen. Im ersten Schritt bedeutet es, dass du dich selbst zur Nummer eins in deinem Leben machst, denn nur wenn du glücklich und erfüllt bist, hast du auch die Energie, anderen zu helfen. Wir kennen doch alle die Sicherheitsanweisungen aus dem Flugzeug. Im Falle eines Sauerstoffabfalls in der Kabine: Zieh erst dir die Maske auf, damit du dann anderen helfen kannst. Genau das werden wir hier machen.

Dabei werde ich dir die Arbeit mit den Tarotkarten näherbringen. Ich zeige dir, wie du sie zur Entscheidungsfindung nutzen kannst und wie du sie einsetzen kannst, um mit deiner Intuition in Kontakt zu kommen. Beim Text zu jeder Karte findest du zudem die Rubrik »Shine your light«: Damit kann dir eine Karte als Tages- oder Wochenimpuls dienen – für kleine Momente, in denen du Neues ausprobierst oder einfach Dinge tust, die dir Freude bringen.

Zudem liebe ich die Astrologie und deshalb gibt es als kleines Goodie einen wertvollen Praxisteil, der es dir ermöglicht, deine Tarot-Praxis über ein Jahr hinweg im Einklang mit den Energien aller zwölf Tierkreiszeichen zu vertiefen. Natürlich dürfen auch kleine Rituale zu Voll- und Neumond dabei nicht fehlen.

Um mit diesem Buch arbeiten zu können, musst du nicht übermäßig spirituell und auch nicht hochsensibel sein, was du möglicherweise dennoch bist. Den Zugang zur inneren Stimme kann jede und jeder finden und auch das Tarot zu lesen können wir alle erlernen. Mir ist sehr wichtig, dass die Deutungen für dich alltagstauglich, modern und umsetzbar sind, sodass du Impulse an die Hand bekommst, die du problemlos angehen kannst. Es geht schließlich darum, dass du dein Leben aktiv und frei gestalten kannst.

Ein ganz besonderes Anliegen ist mir zudem, dass du dir Zeit nimmst. Die Arbeit mit den Karten und der eigenen Intuition ist kein Sprint, sondern ein Marathon. Gönn dir in der nächsten Zeit gern auch Ruhephasen fernab von Social Media, den Kindern oder deinem Job – das kann zum Beispiel ein geselliges Treffen mit Freunden oder auch das Stöbern in alten Fotos sein. Mehr Ideen dazu findest du dann bei den einzelnen Karten. Alles ist möglich … und du wirst spüren, wie du Schritt für Schritt in einem selbstbestimmteren, erfüllten Leben ankommst.

Deine Intuition ist deine größte Superkraft!

Lass nicht zu, dass der Lärm fremder Meinungen deine eigene innere Stimme übertönt. Und vor allem hab den Mut, deinem Herzen und deiner Intuition zu folgen.

STEVE JOBS

Verbinde dich mit deiner Intuition

Was wäre, wenn ich dir sage, dass sich die Quelle allen Wissens bereits in dir befindet? Dass du keine magische Zauberkugel brauchst, die dir deine Zukunft vorhersagt und auch keine Tipps von außen, die dir den Weg weisen? Dass deine Seele den Weg schon lange kennt und dich sicher führen wird, wenn du ihr vertraust?

Mit ihrem Sitz in unserem Herzen ist die Intuition unser Schlüssel dafür, selbstbestimmte Entscheidungen fernab unserer Emotionen, Ängste und Glaubenssätze zu treffen. Und dennoch fällt es uns schwer zu benennen, was Intuition eigentlich ist – wir können sie nur fühlen, wie einen zarten Impuls. Eine Wahrnehmung, ein leises Wissen, dessen Ursprung wir nicht kennen. Doch wenn du auf sie hörst, wenn du weißt, was dein Herz braucht, kannst du deinen Wünschen entsprechend handeln und dein privates und berufliches Leben selbstbestimmt, zufrieden und glücklich gestalten.

Was ist das überhaupt, diese Intuition?

Teste dich gern beim nächsten Mal selbst, wenn du in einer bestimmten Situation einen Impuls bekommst. Erreicht dich diese Eingebung mit Emotionen wie Angst oder Trauer, spricht nicht deine Intuition zu dir. Ganz im Gegenteil.

Angenommen, du möchtest dich mit einem ehemaligen Partner treffen, nachdem du ihn letztens im Supermarkt wiedergesehen hast. Daraufhin meldet sich eine energische Stimme in deinem Kopf und schreit: »Mach das nicht, du weißt doch, wie das beim letzten Mal ausgegangen ist. Du wurdest verletzt.« In diesem Fall ist es ganz allein der Verstand, der zu dir spricht. Dein Verstand möchte dich vor etwas bewahren, das dir bei der letzten Begegnung mit dieser Person passiert ist: Schmerz. Also drängt er dich in eine Richtung.

Verstand und Ego sind allerdings kein innerer Kompass wie unsere Intuition, sondern eher eine unsichtbare Hand auf unserer Schulter, die uns in eine gewisse Richtung lenken möchte. Ein natürlicher Schutzmechanismus, der auf Erfahrung und alten Ängsten beruht. Angst ist an sich nichts Schlechtes, denn wenn man in unserer Entwicklung zurückgeht, sieht man: Es war oft unsere Angst, die unser Überleben sicherte. Als unsere Vorfahren noch in Höhlen gelebt haben, waren sie natürlich anderen Gefahren ausgesetzt als wir heutzutage. Standen sie einem wilden Säbelzahntiger oder Bären gegenüber, gab es nicht viele Möglichkeiten. Innerhalb von Millisekunden wurde entschieden, was zu tun ist: Sind wir dem Bären gewachsen? Haben wir eine reelle Chance, diesen Kampf zu gewinnen? Ja? Dann kommt es zum Kampf (*Fight*). Viel wahrscheinlicher ist aber: Nein, also nichts wie weg (*Flight*). Oder aber wir fühlen uns völlig machtlos und verfallen in eine Art Schockstarre (*Freeze*).

Beleuchten wir die Situation einmal genauer. Wir laufen durch den Wald, sammeln Beeren und freuen uns über den sonnigen Tag. Nichtsahnend drehen wir uns um, und da steht er – der Bär. Durch den Auftritt des Riesen hat sich etwas verändert. Die veränderten Umstände aktivieren unsere Angstzentrale – die Amygdala. Sie ist ein mandelförmiger Komplex unseres Gehirns, der einen Teil des limbischen Systems bildet und, zusammen mit anderen Zentren unseres Gehirns, für die Steuerung unserer psychischen und körperlichen Reaktionen zuständig ist. Sie setzt eine Stressreaktion in Gang und unser Körper schüttet unter anderem vermehrt Adrenalin aus. Wir werden wacher, unser Puls beschleunigt sich, genauso wie unser Blutdruck und die Atmung. Unser ganzer Körper ist bereit, aktiv zu werden. In dieser Situation im Wald werden wir wahrscheinlich fliehen.

Das Spannende ist nun, dass die Amygdala den Stressor und unsere Reaktion für den Umgang mit späteren vergleichbaren Situationen speichert. Was evolutionsbedingt natürlich Sinn ergibt, da es uns dazu befähigt, beim nächsten Treffen mit einem Bären noch schneller reagieren zu können.

Auch in unserem modernen Alltag brauchen wir diesen Mechanismus noch. Durch ihn gehen wir mit Bedacht an Situationen heran und werden wahrscheinlich nicht kopflos auf eine vierspurige Straße rennen oder unsere Hand in das Kaminfeuer stecken. Doch gerade in der heutigen Zeit kann uns dies auch hemmen, da Stressreaktionen oftmals ausgelöst werden, wenn wir uns gar nicht in akuter Lebensgefahr befinden. Was uns nun zum zweiten Beispiel bringt: Die Amygdala reagiert nicht nur in akuten Stresssituationen, sondern auch, wenn wir nur darüber nachdenken. Überlegen wir uns also, unseren Exfreund wiederzusehen, kommt sofort die Angst auf, wieder verletzt zu werden. Das versetzt uns in Stress. Dadurch aber haben wir überhaupt keinen Zugriff mehr auf unsere Intuition. Wir handeln weitestgehend beeinflusst von unserer Angst.

Vielleicht denkst du dir jetzt, warum das schlecht sein soll. Es ist doch nichts verkehrt daran, sich an seiner Angst zu orientieren, schließlich sichert sie ja unser Überleben. Wäre alles andere nicht ein bisschen naiv? Ja, nur schränken wir uns damit sehr ein. Angst ist eine sehr mächtige und laute Emotion, die es uns erschwert, unsere Intuition überhaupt zu hören. Angenommen, du putzt den ganzen Tag mit Musik auf den Ohren die Wohnung. Stundenlang wirbelst du durch alle Zimmer und fällst am späten Nachmittag erschöpft aufs Sofa. Plötzlich spürst du ein richtiges Loch im Bauch und dein Magen gluckert ganz laut, um auf sich aufmerksam zu machen. Da fällt es dir wie Schuppen von den Augen: Du warst so auf das Putzen und die Musik konzentriert, dass du völlig vergessen hast, Mittag zu essen. Genau so geht es uns auch mit unserer Intuition. Durch die Dauerbeschallung in unserem Leben haben wir schlichtweg keinen Zugang mehr zu ihr. Wir setzen uns täglich unzähligen äußeren Einflüssen aus, wie Social Media, Netflix, Musik-Streaming, Meetings, Arbeit, Freunden … Unser Leben ist ständig laut, sodass wir die zarte Stimme unserer Intuition schlichtweg nicht mehr wahrnehmen. Denn im Vergleich zu den lauten Emotionen und Gedanken, erreicht uns unsere Intuition ganz leise.

Ich erinnere mich noch genau an eine Situation als Jugendliche. Meine Freundin und ich sind von der Schule zur Bushaltestelle gelaufen, haben uns angeregt unterhalten und gelacht. Wir mussten am Übergang der Straßenbahn warten und als die Ampel auf Grün gesprungen ist, hat sich meine Freundin direkt in Bewegung gesetzt. Ich kann es nicht erklären, aber in diesem Moment habe ich innerlich ein ganz deutliches »Stopp« gespürt und sie intuitiv am Ärmel zurückgezogen. Keine Sekunde später ist die Straßenbahn an uns vorbeigerauscht. Der Fahrer hatte die rote Ampel übersehen und war gedankenlos weitergefahren. Ich hatte meiner intuitiven Eingebung vertraut und meine Freundin somit vor einem Unfall bewahrt.

Solche Beispiele zeigen sehr deutlich, dass unsere Intuition die klare Eingebung einer höheren Quelle ist. Zudem erreicht sie uns ohne jeglichen Druck. Im Gegensatz zu unserer Angst wird uns die Intuition nicht dazu drängen, etwas zu tun. Sie kommt auch nicht in schwurbeligen Sätzen wie: »Du musst deine Freundin am Ärmel zurückziehen, sonst passiert etwas Schlimmes.« Sie kommt durch einen präzisen Impuls und sieht dich in der Eigenverantwortung, entsprechend zu reagieren.

Wir müssen auch nicht darauf warten oder Situationen forcieren, damit sich unsere Intuition zeigt, denn sie ist immer in uns. Wir dürfen nur lernen, einen Zugang zu ihr zu finden, um unser Leben selbstbestimmt und glücklich führen zu können.

Um uns wieder tiefer mit unserer Intuition zu verbinden, sodass sie uns nicht nur in solchen Momenten begegnet wie mir mit der Straßenbahn, braucht es einen passenden Rahmen. Dafür empfehle ich zunächst Entspannung und Ruhe, um dich wieder richtig wahrnehmen zu können. Du darfst auch gern meditieren, um die Gedanken ziehen zu lassen und der Intuition Raum zu schenken. Meditationen sind eine wundervolle Form der Gedankenstille. Allerdings gehört hierzu ein wenig Übung, weshalb sie nicht für alle funktionieren. Daher finde ich es ganz besonders schön, dass wir über die Tarotkarten ebenfalls mit unserer Intuition in Kontakt treten können, ganz ohne Meditation. Sie zeigen uns nämlich genau das, was uns im Alltag sonst verborgen bleibt.

Warum ist Intuition so wichtig?

Die Energie folgt deiner Aufmerksamkeit.

ALTE WEISHEIT

Vielleicht hast du dich schon mit vielen spirituellen Themen auseinandergesetzt und bist dabei auch über das Gesetz der Anziehung gestolpert. Es sagt aus, dass wir genau das anziehen, was wir aussenden. Ein vereinfachtes Beispiel hierfür wäre eine typische Montagssituation. Viel zu früh musst du dich aus deinem kuscheligen Bett quälen. Du bist genervt und alles, was du möchtest, ist ein Kaffee, um wenigstens einigermaßen gut in die neue Woche zu starten. Was passiert prompt? Die Tasse rutscht dir aus der Hand. Inmitten der Porzellanscherben fängst du an zu fluchen. An Kaffee ist nicht mehr zu denken. Du springst schnell unter die Dusche, ärgerst dich noch immer, verlässt das Haus viel zu spät und verpasst deine Bahn … Wir könnten den Ablauf noch ein wenig weiterspinnen, aber ich glaube, du weißt, worauf ich hinausmöchte: Dein morgendlicher Ärger zieht noch mehr Dinge an, über die du dich ebenfalls ärgern wirst.

Die Energien, die wir aussenden, kommen zu uns zurück. Veränderst du also deine innere Ausrichtung, deine Gedanken und Emotionen, wird das Außen folgen. Wenn du morgens einem leisen inneren Impuls folgst und ein paarmal tief durchatmest, nachdem die Tasse zu Bruch gegangen ist, und dich danach an dem leckeren Kaffee aus einer anderen Tasse erfreust, wird der Tag vielleicht ganz anders verlaufen. Deshalb ist es so wichtig, dass wir unsere Intuition hören lernen und dass wir ihr entsprechend Intentionen setzen. Wir sollten unseren Fokus auf das legen, was uns langfristig erfüllt. Das Gesetz der Anziehung ist dabei allerdings kein Wundermittel. Wenn wir uns täglich vorstellen, im nächsten Jahr mit einem Buch auf der Bestsellerliste zu landen, wird das nicht funktionieren, wenn wir uns nicht hinsetzen, um das Buch auch zu schreiben.

Zunächst sollten wir uns von der Angst lösen, die uns davon abhält, überhaupt anzufangen, ein Buch zu schreiben. Denn wenn deine Intuition dir diese Eingebung geschickt hat und du ihr folgst, dann wird es dich glücklich machen, mit oder ohne Bestsellerliste. Ein Plätzchen dort wäre dann quasi die Kirsche auf der Sahne, die wir durch das richtige Mindset auf unser Törtchen zaubern können. Wenn nicht nächstes Jahr, dann vielleicht in fünf Jahren …

Ganz klar ist hierbei, dass wir die Angst vor falschen Entscheidungen loslassen müssen. Für mein Empfinden gibt es zunächst keine falschen Entscheidungen. Denn nichts ist schlimmer, als keine Entscheidung zu treffen und in einer Art Schwebezustand zu hängen, in dem man nicht vorwärtskommt. Eine Entscheidung mag dich vielleicht nicht langfristig glücklich machen, aber was resultiert daraus im schlimmsten Fall? Dass du eine neue Entscheidung treffen musst, um eine Veränderung zu bewirken. Wenn du dabei deiner Intuition folgst, handelst du immer im besten Sinne für dich selbst, ganz nach deinem Herzen.

Ich möchte dir einmal von Lisa erzählen. Sie kam mit einer Frage zu mir, die mit einem Kollegen zu tun hatte, mit dem es immer wieder Reibereien gab. Sie wollte wissen, was sie verändern könne, um das Verhältnis zwischen ihnen zu verbessern, sodass sie wieder gern zur Arbeit gehen kann. Bis auf die kleinen Unstimmigkeiten mit ihrem Kollegen war Lisa nämlich glücklich mit ihrer Arbeit als Lehrerin. Sie liebte Kinder und die Freiheit, Dinge in einem gewissen Rahmen selbst zu gestalten.

Im Laufe der Tarot-Legung kam immer mehr zum Vorschein, dass Lisa irgendetwas zu fehlen schien. Doch was konnte das sein? Sie führte eine erfüllende Beziehung, hatte ein gutes Verhältnis zu ihrer Familie, gute Freunde, eine schöne Wohnung …

Doch es zeigten sich zwei Karten (für die Neugierigen greife ich etwas vor: Es waren die Acht der Kelche und die Acht der Münzen) mit einem Hinweis darauf, dass Lisa ein wichtiger Teil zur wahren Erfüllung in ihrem Leben fehlte. Nun lag es an ihr, sich auf den Weg zu machen, diese Erfüllung zu finden. Zudem wurde deutlich, dass Lisa im Erschaffen von Dingen eine gewisse Erfüllung finden würde.

Schon als ich ihr die Frage stellte, ob ihr etwas fehle, bemerkte ich die Veränderung in Lisas Mimik und Gestik. Erst erzählte sie mir voller Euphorie und Stolz, dass sie im Vorjahr eine Ausbildung zur Yogalehrerin gemacht hatte. Danach wurde sie auf einmal ganz ruhig und nachdenklich. Als ich nachhakte, druckste sie herum, gestand aber dann, dass sich die Ausbildung eigentlich gar nicht gelohnt hatte, da sie ja überhaupt keine Kurse gab, weil ihr schlichtweg die Zeit dazu fehlte.

Als ich sie fragte, ob es wirklich keine Möglichkeit gäbe, Kurse abzuhalten, sagte sie mir, dass ihr das Geld nicht reichen würde, wenn sie weniger Stunden als Lehrerin arbeitete. Eine ganz klassische Ego-Entscheidung. Die unsichtbare Hand auf der Schulter wollte Lisa in eine bestimmte Richtung schieben: aus Angst, dass sie einen Fehler machen und in eine finanzielle Schieflage geraten könne.

Ihre Intuition hatte ihr einen klaren Impuls gesendet, denn Lisa wusste sofort, um was es ging, als ich sie fragte, was ihr denn im Leben fehlte.

Deshalb stellte ich ihr die folgende Frage und bat sie, diese aus dem ersten Impuls heraus zu beantworten: Was würdest du tun, wenn Geld keine Rolle spielen würde?

Ich hatte den Satz noch nicht beendet, als die Antwort kam: ein Yogastudio eröffnen.

Doch nicht nur das. Sie konnte das Studio bereits genau beschreiben und sprudelte fast über vor Ideen. Es war, als hätten die Karten einen Schalter in ihrem Inneren umgelegt, was sie nun dazu befähigte, an Informationen zu kommen, die ihr bisher verborgen geblieben waren. Es schien, als wäre diese Legung eine Initialzündung, durch die ihr bewusst wurde, wie viele ihrer Entscheidungen sie aus Angst getroffen hatte.

Ab diesem Moment nahm sich Lisa vor, ihrer inneren Stimme mehr Gehör zu schenken und bestmöglich auf sich selbst zu vertrauen. Sie kaufte sich ein Set Tarot-Karten und setzte Impulse für ihren Alltag. Jede freie Minute verbrachte sie mit der Recherche nach Yogastudios, besuchte ein Yogaretreat und erzählte ihren Freunden davon, sodass ihr Projekt mehr und mehr Form annahm.

Je mehr sie ihren Wünschen nachging, desto glücklicher wurde sie. Die Angst wurde immer weiter in den Hintergrund gedrängt und es passierten günstige Dinge, mit denen Lisa überhaupt nicht gerechnet hatte. Selbst ihre Beziehung verbesserte sich. Sie stritt viel weniger mit ihrem Partner, war ausgeglichener und in der Schule weniger gestresst, egal, wie anstrengend die Kinder waren. Auch die Reibereien mit dem besagten Kollegen wurden weniger.

Nur kurze Zeit später berichtete sie mir davon, dass sie ihre Arbeitszeit als Lehrerin reduzieren konnte und nun mehrere Yogastunden in einem kleinen Studio gab. Ihre Stunden waren beliebt und sie verdiente dort angemessen, sodass sie mit dem Geld ihr geringeres Gehalt mühelos ausgleichen konnte. Für das nächste Jahr plante sie sogar, ihre Stunden noch weiter zu reduzieren, um gemeinsam mit einer Freundin ein eigenes Yogastudio zu eröffnen.

Was lernen wir also von Lisa? Nachdem sie angefangen hatte, ihrer Intuition zu folgen, hat sich ihr Leben auf vielen Ebenen verbessert. Je mehr sie sich mit ihren neuen Zielen beschäftigte (mit positiven Gedanken!), umso mehr Gutes hat sie angezogen.

Hätte Lisa bezüglich ihrer Schwierigkeiten mit dem Kollegen andere Menschen gefragt, hätten wahrscheinlich die meisten dazu geraten, sich irgendwie mit ihm zu arrangieren und sich weiter auf ihren Beruf zu konzentrieren. Dieser gut gemeinte Rat wäre aus denselben Ängsten geboren, die auch in Lisa geschlummert haben. Versagensängste, Zukunftsängste, Existenzängste … Doch Lisa konnte erleben, dass sich durch ihre ganz andere, intuitive Entscheidung ihr gesamtes Leben positiv veränderte.

Dafür brauchte es allerdings mehrere Schritte:

- Nimm deine Intuition wahr.
- Hab Vertrauen in dich und das Universum.
- Hab den Mut, deine Ängste hinter dir zu lassen.
- Führe ein glückliches und selbstbestimmtes Leben.

Lisas Beispiel zeigt zwar deutlich, wie wichtig es ist, seiner inneren Landkarte zu folgen, weil uns genau dies glücklich macht. Dennoch sollte man, gerade wenn es um eine Selbstständigkeit und die eigene Existenz geht, nicht komplett kopflos handeln. Es ist wunderschön, wenn du für dich herausgefunden hast, dass du Töpfern über alles liebst. Dennoch solltest du schrittweise dabei vorgehen, aus dieser Erkenntnis heraus dein Leben zu ändern. Es könnte zunächst ein intensives Hobby sein. Im nächsten Schritt könntest du in deiner Freizeit Kurse geben und so weiter. Auch wenn ich immer dazu rate, seiner Intuition zu folgen, sollte es in einem vertretbaren Rahmen geschehen, denn daraus resultierende Geldnöte würden unser Glück trüben, ganz egal, wie happy wir mit der Tätigkeit sind. Handele also bestmöglich nach dem Leitsatz: Folge deinem Herzen, aber nimm deinen Verstand mit.

Was Tarot ist und was nicht

Puh! Nun geht es ans Eingemachte. Ich habe lange überlegt, ob ich etwas zur Geschichte des Tarot schreiben soll, bis ich zu dem Schluss gekommen bin, dass es eigentlich nicht wirklich nötig ist. Wahrscheinlich weißt du schon, dass sich um die Entstehung und Herkunft des Tarots einige Mythen und verschiedene Theorien ranken. Fakt ist, es ist schon ziemlich alt und diente voraussichtlich schon im 15. und 16. Jahrhundert als Kartenspiel. Einige Jahrhunderte später, es war mittlerweile in verschiedenen Länder bekannt, wurde es mehr und mehr als »Weissagungshilfe«, wie manche Bücher es noch immer betiteln, verwendet.

Wieso aber kann uns die Geschichte des Tarot herzlich egal sein? Ich vertrete die Ansicht, dass Theorie schön und gut ist, jedoch ist das Tarot ein klassisches Praxistool. Du wirst nicht besser Karten legen können, wenn du die Herkunft des Tarot aus dem FF aufsagen kannst, zumal dabei vieles sowieso im Dunkeln liegt. Sollte dich das Thema tiefer interessieren: Es gibt einiges an Literatur, die sich intensiver mit der Herkunft des Tarot und der drei klassischen Decks (Waite-Smith, Tarot de Marseille und Crowley) beschäftigt.

Was jedoch ein wichtiger Punkt ist, auf den ich in diesem Kapitel kurz eingehen möchte, ist die Abgrenzung des Tarot zu Orakel-, Affirmations- oder Lenormand-Karten. Gerade auf Social Media entdecke ich oft, dass Orakelkarten oder auch das Lenormand mit dem Hashtag #Tarot gezeigt werden, obwohl es ganz andere Karten sind. Daher möchte ich zunächst ein Grundverständnis für die verschiedenen Karten schaffen.

Tarot

Ein Tarot-Kartendeck besteht *immer* aus achtundsiebzig Karten. Diese werden in zweiundzwanzig Karten der großen Arkana und sechsundfünfzig Karten der kleinen Arkana unterteilt. Innerhalb der kleinen Arkana gibt es weitere Unterteilungen, auf die ich im Kapitel »Aufbau eines Tarot-Decks« genauer eingehe. Einige moderne Künstler haben zusätzliche Karten entworfen, so enthält beispielsweise »Ätherische Visionen. Das illuminierte Tarot« von Matt Hughes aus dem Königsfurt Urania Verlag achtzig Karten, da der Künstler zwei zusätzliche Karten kreiert hat. Solltest du es wie ich klassisch mögen, kannst du bei solchen Decks die Zusatzkarten einfach aussortieren und die klassischen achtundsiebzig Tarot-Karten verwenden.

Lenormand

Ähnlich wie das Tarot enthält auch ein Lenormand-Kartenset immer die gleiche Anzahl Karten – hier sechsunddreißig Stück –, die immer nach demselben System aufgebaut sind. Während das Tarot uns befähigt, hinter die Kulissen zu schauen und uns mit unserem Unterbewusstsein zu verbinden, geht es im Lenormand eher darum zu sehen, was sich gerade auf der Bühne abspielt. Daher verfolgt es eine analytischere Herangehensweise als das Tarot und muss anders erlernt werden. Hier geht es außerdem viel mehr um die Kombination verschiedener Karten als die Wirkung einzelner Karten für sich.

Orakel- und Affirmationskarten

Mittlerweile gibt es unzählige Orakelkartensets auf dem Markt. Viele davon sind modern, bunt oder aufwendig gestaltet und bieten uns unendliche Möglichkeiten und Themenbereiche an. Im Gegensatz zum Tarot sind die Künstler und Künstlerinnen hier frei, was die Bezeichnung oder die Anzahl der Karten angeht. Oft sind die Namen der Karten sehr klar und geben uns direkte Anweisungen, Impulse oder Affirmationen. Solche Sets eignen sich oftmals gut, um sie mit Tarot-Karten zu kombinieren.

Der Tarot-Mythen-Auflösungs-Quickie

Bevor wir zu den Vorbereitungen eines Readings und dem Reading selbst kommen, möchte ich noch mit ein paar Tarot-Mythen aufräumen. Wahrscheinlich gehst du nach allem, was du bisher in diesem Buch gelesen hast, schon einmal davon aus, dass Tarot nichts mit Wahrsagerei und Jahrmarkt zu tun hat. Dennoch gibt es ein paar mehr Mythen, die sich in unserer Gesellschaft wacker halten und die ich hier direkt einmal auflösen möchte.

»Das erste Deck muss ich mir schenken lassen.«

Nein! Warte bitte nicht darauf und kauf dir ein Deck, das dich anspricht. Gerade dein erstes Deck sollte gut mit dir harmonieren und deine Fantasie beflügeln. Du solltest pure Freude erfahren, wenn du es ansiehst, und einfach Lust haben, damit zu legen. Natürlich ist es schön, wenn dir jemand ein Deck schenkt, und dieses Set wird sicher immer einen besonderen Stellenwert haben, aber du darfst dir dein erstes, zweites, drittes … ja sogar dein hundertstes Deck selbst kaufen und wirst damit supergute und passende Readings machen können.

»*Die Karten müssen (in ein Seidentuch eingewickelt) in einer Schatulle aufbewahrt werden.*«

Du darfst deine Karten aufbewahren, wie und wo du möchtest. Generell empfehle ich dir dennoch ein kleines Säckchen oder, sofern du es praktischer magst, einfach die Box, in der viele Decks geliefert werden. Wichtig ist, dass du deine Karten gut behandelst und sie sauber hältst. Karten werden auf einem sauberen Tisch gelegt und nicht beim Kochen neben einer Pfanne, aus der fröhlich das Fett spritzt.

»*Man öffnet mit dem Kartenlegen ein dunkles Portal, Tarot ist schwarze Magie.*«

Diese Vorstellung ist wahrscheinlich einigen Hollywood-Streifen zu verdanken. Leider wird das Tarot in fiktionalen Filmen und Büchern bis heute gern als schwarze Magie dargestellt. Ein Stück weit kann ich das verstehen, da die Karten alt und mystisch sind. Dennoch sind wir mittlerweile so weit, dass wir wissen, dass sich keinerlei düstere Tore mit dem Tarot öffnen und die Karten für uns einfach ein sehr nützliches psychologisches Tool sind, um uns mit uns selbst auseinanderzusetzen.

»*Andere dürfen meine Karten nicht berühren.*«

Wer deine Karten anschauen oder damit legen darf, ist ganz dir überlassen. Es gibt keine »magische Regel«, die dir in dieser Hinsicht irgendetwas verbietet. Du sollst dich damit gut fühlen und wenn es sich für dich zu persönlich anfühlt, dass andere mit deinen

Karten legen, ist das genauso okay, wie wenn deine Freundinnen oder Freunde sie ebenfalls nutzen dürfen.

»Ich darf das Tarot nur einmal am Tag zu Rate ziehen.«

Aufatmen – du darfst das Tarot so oft du möchtest befragen. Vorausgesetzt, es handelt sich um verschiedene Fragen beziehungsweise Lebensbereiche. Was ich empfehle, ist, die gleiche Frage nicht mehrmals innerhalb kurzer Zeit zu stellen. Wenn du die Legung nicht verstehst, macht es mehr Sinn, erst mal abzuwarten und das Ganze sacken zu lassen, als erneut das Gleiche zu fragen. Das Tarot wird dir sowieso eine ähnliche Antwort liefern. Wir sprechen schließlich mit unserem Inneren und nicht mit einem Spielautomaten, der uns willkürlich gewinnen oder verlieren lässt.

»Es gibt gute und böse Karten.«

Auch diese Aussage stimmt so nicht. Jeder Karte liegt eine bestimmte Thematik zugrunde, doch im Allgemeinen sind sie erst einmal neutral, da jede Karte eine Möglichkeit, aber auch eine Herausforderung bedeuten kann. So bedeutet beispielsweise »Tod« auch nicht, dass eine Person stirbt, es geht vielmehr um eine Transformation. Doch muss eine Transformation immer schlecht sein? Ganz im Gegenteil, wer möchte denn nicht von einer Raupe zum Schmetterling werden?

»Es wird alles so allgemein gehalten, dass es irgendwie immer passt.«

Uff, diese Aussage kennen wir alle, wenn es um das aktuelle Horoskop unserer Lieblingszeitschrift geht. Doch im persönlichen Austausch mit den Karten wird es niemals allgemein bleiben. Je mehr du dich mit den Karten auseinandersetzt, desto tiefer kannst du in dein Unterbewusstsein eintauchen und dich immer besser verstehen. Das alles wird sehr spezifisch und individuell sein und gaaaanz weit entfernt von »allgemein«.

Die Magie vor dem Reading

Auf Instagram sowie in meinen Tarot-Mentorings wurde ich häufiger nach den Vorbereitungen eines Readings als zum Reading selbst gefragt. Warum? Weil sich auch darüber Gerüchte halten, die längst überholt sind oder einfach niemals wahr waren. Wie ich mich auf ein Reading vorbereite und nützliche Tipps vorab erfährst du in diesem Kapitel.

Das neue Tarot-Deck aufladen

Wenn ich ein neues Deck habe, lade ich es zunächst einmal vierundzwanzig Stunden auf einer Amethystdruse auf. Warum mache ich das? Der Amethyst ist ein Kristall, auf den man auch andere Kristalle legen kann, um diese zu reinigen und energetisch aufzuladen. Für mich ist das ein schönes Ritual, um alle Energien, mit denen die Karten bisher in Berührung gekommen sind (sei es in der Druckerei, auf dem Versandweg und so weiter), zu entfernen und sie quasi einmal komplett aufzuladen. Solltest du Reiki oder andere Energiearbeit machen, kannst du dies natürlich ebenfalls anwenden, um die Karten zu reinigen und zu energetisieren. Das Aufladen ist für mich ein kleines Willkommensritual für die Karten, muss aber keineswegs gemacht werden. Du kannst auch sofort loslegen, wenn du das möchtest.

Umgebung

Auch hier lautet die Devise: Die Umgebung muss *für dich* passen. Was ich mir aber wünschen würde, wäre wie bereits erwähnt eine saubere Umgebung. Auch wenn ich das Tarot bodenständig behandle, finde ich, dass ein Reading mit entsprechender Sorgfalt gemacht werden sollte. Deshalb wisch gern zuvor noch einmal den Tisch ab, stell dir ein paar schöne Kerzen dazu und/oder zünde ein Räucherstäbchen an. Manche mögen auch sanfte, instrumentale Musik. Ich persönlich mag es am liebsten ruhig.

Nimm dir Zeit

Schnell noch der Freundin die Karten legen, bevor sie wieder losmuss? Bitte nicht! Ein Reading braucht, gerade am Anfang, deine volle Aufmerksamkeit und vor allem Ernsthaftigkeit. Wir (oder die Menschen, für die wir die Karten legen) fragen meist Dinge, die uns tief beschäftigen und die gerade nicht einfach sind. Mit den Karten hoffen wir uns wieder mit uns selbst zu verbinden und unser Leben zu verändern, ja möglichst sogar zu verbessern. So etwas sollte man immer ernst nehmen, deshalb braucht dein Reading auch einen respektvollen Rahmen. Gib deiner Familie oder deinen Mitbewohnern Bescheid, dass du die nächste Zeit nicht gestört werden möchtest, mach den Fernseher aus, stell dein Handy auf lautlos, lass das Radio aus und gönn dir erst mal einen Moment Ruhe. Es soll sich anfühlen wie eine kleine Auszeit nur für dich, in der ganz allein du und deine Bedürfnisse (oder die deines Gegenübers) im Fokus stehen.

Eine gute Frage für dein Anliegen finden

Die richtige Frage ist das A und O für deine Tarot-Legung. Man zieht nicht einfach irgendeine Karte und schaut mal. Es braucht zuerst eine Frage, bevor man eine sinnvolle Antwort erhalten kann. Wichtig dabei ist, keine Ja-/Nein-Fragen, sondern möglichst aktive oder offene Fragen zu stellen:

- »Was kann ich tun, um mit Situation XY bestmöglich umzugehen?«
- »Welche Möglichkeiten gibt es, mein Ziel XY zu erreichen?«
- »Wie finde ich zu mehr innerer Ruhe/Selbstvertrauen/Leichtigkeit/XY?«
- »Was unterstützt mich, um zu ...?«
- »Was brauche ich gerade in Bezug auf XY?«
- »Wie entwickelt sich XY?«

Versuch beim Fragenstellen ein wenig hinter dein Thema zu blicken. Warum möchtest du das wissen? Was steckt hinter deiner Frage?

Ein kleines Beispiel: Liebesfragen sind häufig im Tarot, doch hinter der Frage »Was kann ich tun, um den perfekten Partner zu finden?« steckt oft eine Angst. Doch welche ist es? Die Angst, allein zu sein? Die Angst, nicht genug zu sein? Oder eine ganz andere? Hier kannst du im ersten Schritt fragen: »Was steckt hinter meiner Frage?« oder »Welche Angst verbirgt sich hinter meiner Partnersuche?« Wenn du diese Erkenntnis durch deine Legung gewonnen hast, kannst du in einem zweiten Schritt fragen, was dir hilft, diese Angst zu überwinden. So kannst du aktiv etwas verändern und kommst somit dir selbst und deinen Wünschen Schritt für Schritt näher.

Zwei Dinge, die mir ganz besonders wichtig sind:

1. Wenn du die Antwort nicht hören willst oder noch nicht bereit dafür bist, leg dir nicht die Karten.
2. Stell keine Fragen über Dritte.

»Richtig« mischen & ziehen

Richtig mischen gibt es nicht. Wie du deine Karten mischt, ist deine ganz persönliche Präferenz. Viele bevorzugen es, alle Karten auf dem Tisch auszubreiten und dann eine Weile hin und her zu schieben, bevor sie sie am Ende wieder zu einem Stapel zusammenfassen. Ich persönlich mische nur in der Hand. Das ist aber auch dem Umstand geschuldet, dass mir die andere Methode schlichtweg zu anstrengend ist.

Du kannst so lange mischen, wie es sich für dich richtig anfühlt. Manche beschreiben den Zeitpunkt, mit dem Mischen aufzuhören, damit, dass ihre Hände schwer werden oder kribbeln. Es reicht aber auch die einfache »Eingebung«, dass du jetzt damit aufhören kannst. Wenn du möchtest, kannst du am Ende den großen Stapel noch in drei kleine teilen, die du dann in einer anderen Reihenfolge wieder zusammennimmst. Das ist ein schöner Abschluss des Mischens.

Auch beim Kartenziehen gibt es verschiedene Möglichkeiten und keine davon ist schlechter oder besser.

- Der Regenbogen: Hierbei breitest du die Karten in einem großen Bogen auf dem Tisch auf. Deine Hand schwebt über den Karten und du wählst die Karte, zu der es dich intuitiv hinzieht. Auch dabei kannst du auf Signale deines Körpers (Schwere, Kribbeln …) achten.
- Der Fächer: Bei dieser Art fächerst du die Karten in deiner Hand auf und ziehst mit der anderen.
- Aus dem Stapel in der Hand: Du behältst dabei den Stapel fest in der Hand und lässt die Hand über die Karten schweben, bevor du intuitiv eine herausziehst.
- Von oben abheben: Auch eine gängige Methode, gerade wenn du zuvor gut und intensiv auf dem Tisch gemischt hast.
- Flippen: Eine weitere Variante, die gerade ebenfalls sehr beliebt ist. Du mischst so lange, bis die Karten von selbst »flippen«, also

herausfallen. Möchtest du ein Legemuster mit drei Karten, mischt du einfach so lange weiter, bis drei Karten herausgefallen sind.

Probier dich gern einmal aus. Nach ein paar Versuchen wirst du für dich die richtige Misch- und Ziehtechnik herausgefunden haben.

Kleine Reading-Begleiter: Kristalle und Halbedelsteine

Für meine Tarot-Legungen liebe ich es, die Energie von Steinen miteinfließen zu lassen. Ich arbeite dabei mit den positiven Energien der jeweiligen Kristalle oder Halbedelsteine. Dafür nehme ich den Stein vor dem Mischen in die linke Hand oder halte ihn vor mein drittes Auge (das ist der Punkt auf der Stirn zwischen den Augenbrauen). Dieses kleine Ritual hilft mir, mich aus der Alltagshektik herauszunehmen und ganz bei mir und den Karten anzukommen.

Dies ist natürlich überhaupt kein Muss. Wenn du nichts mit Steinen anfangen kannst, nimm dir einfach einen Moment in Stille vor deiner Legung und atme ein paarmal tief durch.

Für alle die, die Halbedelsteine genauso lieben wie ich, stelle ich im Folgenden ein paar meiner Lieblingssteine vor, damit sie für ein wenig Abwechslung sorgen können.

Meine liebsten Steine

Bergkristall
Eigenschaften: verschafft Klarheit, löst Blockaden, harmonisiert das Energiesystem, unterstützt bei der Selbstwahrnehmung.

Besonders gut bei: tendenziell für alle Legungen geeignet. Sehr gut aber vor allem bei Legungen zum Thema Klarheit, Erkenntnis und Entscheidungen.

Rosenquarz

Eigenschaften: der Liebesstein schlechthin, schenkt Vertrauen und hilft bei Beziehungsängsten, unterstützt die Liebe und lässt Sehnsüchte und Wünsche wach werden, wirkt beruhigend, stärkt die Verbundenheit.

Besonders gut bei: Legungen zum Thema Liebe und Selbstliebe/ Selbstannahme.

Citrin

Eigenschaften: hilft bei Stress und negativen Gedanken, schenkt Lebensfreude und Optimismus und hilft dabei, Erfahrungen besser zu verarbeiten. Zudem ist er auch bekannt als »Money Magic«-Stein, weshalb viele einen Citrin im Geldbeutel tragen, um Geld *magisch* anzuziehen.

Besonders gut bei: Legungen zum Thema Selfcare, Umgang mit schwierigen Zeiten, aber auch mit materiellen Themen wie Finanzen.

Amethyst

Eigenschaften: hilft bei Stress, Kummer und Schlaflosigkeit, unterstützt dabei, überflüssige Gedanken loszulassen, stärkt den inneren Frieden.

Besonders gut bei: Legungen zum Thema Klarheit und Erkenntnis, aber auch bei Fragen zur Work-Life-Balance oder Stress im Allgemeinen.

Aventurin

Eigenschaften: schenkt Mut und Optimismus, fördert die Selbstbestimmtheit, unterstützt das innere Gleichgewicht.

Besonders gut bei: Legungen zur Selbstverwirklichung, Selbstständigkeit oder zu den nächsten Schritten und stärkt das Vertrauen in die eigenen Fähigkeiten.

Pyrit

Eigenschaften: fördert Selbstreflektion und Selbsterkenntnis, hilft bei der Offenbarung von Blockaden und Ängsten und bei innerer Unruhe.

Besonders gut bei: Legungen zum Thema Schattenarbeit oder Selbstannahme.

Orangencalcit

Eigenschaften: stärkt die eigene Intuition und schenkt Optimismus und Resilienz, um mit schwierigen Situationen besser umgehen zu können.

Besonders gut bei: Legungen zum Thema Weiterentwicklung und Resilienz.

Labradorit

Eigenschaften: fördert Kreativität und Fantasie, lenkt den Fokus auf die eigenen Ziele und stärkt die Intuition.

Besonders gut bei: Legungen zum Thema Kreativität, eigene Ausrichtung und Selbstverwirklichung.

Ready! Steady! Tarot! Welche Karten gibt es?

Es ist nicht wichtig, was du betrachtest, sondern was du siehst.

Henry David Thoreau

Bevor wir mit Readings starten, möchte ich noch etwas loswerden: In einer Welt, in der einem kontinuierlich Lösungen angeboten werden, oft für Probleme, die wir nicht einmal haben, möchte ich dich genau davon wegbringen. Wir brauchen keine Versprechungen zum hundertsten erprobten Lösungsansatz, der vor dir bestimmt schon tausend anderen Personen geholfen hat. So etwas gibt es nämlich schlichtweg nicht, auch wenn es schön wäre.

Wir alle sind individuell, haben verschiedene Werte und unterschiedliche Erfahrungen gemacht. Deshalb wird es für dich nicht auf dieselbe Weise funktionieren wie für mich oder Tante Brigitte. Ein guter Coach bietet dir nicht seine Lösung, er erarbeitet mit dir deine. Der Ansatz kommt von dir, aus deinem Inneren. Deshalb ist es auch beim Tarot ganz wichtig, dass alles aus dir kommt und du den Mut hast, dir selbst und deiner Intuition zu vertrauen.

Wie ich bereits geschrieben habe: Du kannst nichts falsch machen. Solange du bereit bist, dich zu öffnen und deine Eingebungen wahrzunehmen, wird dir immer eine Deutung gelingen.

Vielleicht nicht sofort. Möglicherweise wirst du erst einmal darüber schlafen müssen, doch das ist ganz normal und auch okay so.

Was mir besonders wichtig ist: Es gibt nicht *die eine* Deutung! Ich biete dir in diesem Buch Möglichkeiten der Karteninterpretation an. Diese halte ich allgemein und bodenständig. Dennoch kann es sein, dass du eine Karte ganz anders interpretierst als ich. Vielleicht siehst du in sechsundsiebzig Karten ähnliche Themen wie ich, aber in zwei Karten etwas ganz anderes. Das ist okay und gut so. Deswegen beschäftigen wir uns ja hier mit einem intuitiven Zugang zum Tarot – und der sieht für jede und jeden von uns anders aus.

Ich gebe dir erste Hilfsmittel mit an die Hand – wie eine Souffleuse am Bühnenrand. Ich springe ein, wenn es mal haken sollte, aber du gibst der Karte deine Stimme und das ist verdammt gut so. Je mehr du übst, umso besser kannst du vertrauen und wirst bald weder eine Souffleuse noch andere Impulse von außen brauchen.

Wenn du das Tarot ganz unabhängig von Interpretationen meinerseits erfahren und das Deuten lernen willst, findest du im nächsten Kapitel eine Übersicht mit den verschiedenen Elementen und Themenbereichen, sodass du unabhängig vom weiteren Text erste Deutungen der Kleinen Arkana vornehmen kannst. Für die Große Arkana habe ich Impulse zum Thema Licht und Schatten der jeweiligen Karte vorbereitet, die du mit deinen eigenen Empfindungen zur jeweiligen Karte in Verbindung bringen kannst. Später gibt es noch ausführlichere Deutungen, die du aber auch überblättern kannst. Oder du schaust nur hinein, wenn du mit einer Legung mal nicht weiterkommst.

Der Aufbau eines Tarot-Decks

Mein Deutungsansatz des Tarot ist intuitiv, deshalb sind gerade die ersten Impulse die entscheidenden. Doch das Tarot kommt nie gänzlich ohne Struktur und einen gewissen analytischen Blick aus. Auch wenn ich persönlich keine klassische numerologische Deutungsweise in meine Legungen miteinbeziehe, haben die Zahlen doch eine Bedeutung. So dürfen wir gerade bei der Kleinen Arkana zu unserer intuitiven Deutung, die stark von der Bildsprache des jeweiligen Kartendecks abhängt, noch die Deutung der jeweiligen Zahlen miteinbeziehen. Jede Zahl der Kleinen Arkana beinhaltet Oberthemen, die es uns gerade am Anfang umso leichter machen, erste Deutungen zu wagen und uns leiten zu lassen.

Dabei gibt es keinen Tarot-Schiedsrichter, der dir die rote Karte zeigt, wenn du eine Karte nicht genau so deutest, wie sie in diesem oder irgendeinem anderen Buch beschrieben wurde oder wenn du ein Symbol anders wahrnimmst, als es vielleicht die »gängige« Deutung vorgibt. Möglicherweise steht für dich die Rose für Liebe, und ich interpretiere sie wegen ihrer Dornen als etwas Schmerzhaftes. Du wirst sehen, dass es genau diese Freiheit ist, die das Tarot so spannend macht und dir vor allem Spaß bei deinen Legungen bringt. Je mehr du übst, umso mehr Details fallen dir ins Auge und desto schillernder und ausführlicher werden deine Deutungen. Also, noch ein allerletztes Mal als Reminder: Du kannst absolut nichts falsch machen!

Bevor wir mit den Karten starten, kannst du sie dir schon einmal in die Kleine (am besten in die vier verschiedenen Elemente Stäbe, Münzen, Kelche und Schwerter und der Reihe nach von Ass bis König) und die Große Arkana vorsortieren.

Kleine Arkana

Im allgemeinen Teil habe ich bereits erwähnt, dass das Tarot in zwei größere Gruppen unterteilt wird: die Kleine und die Große Arkana. Das Wort Arkana kommt vom lateinischen *Arcanum* und steht für »Geheimnis«.

Die Karten der Kleinen Arkana stehen für Themen und »Geheimnisse« deines Alltags. Sie sind damit keinesfalls weniger wichtig als die Lebensthemen der Großen Arkana, legen aber einen anderen Fokus und begleiten dich oftmals nicht so lange wie die Themen der Großen Arkana.

Die klassische Kleine Arkana teilt sich in die vier Bereiche Stäbe, Münzen, Kelche und Schwerter (in moderneren Decks können diese anders heißen, beziehen sich aber auf die »ursprüngliche Form«) auf, die den vier Elementen Feuer, Erde, Wasser und Luft zugeordnet sind. Jede Elementreihe hat einen ähnlichen Aufbau wie ein typisches Kartenspiel. Die einzige Anpassung ist eine zusätzliche Karte. So umfasst ein Romméblatt die Karten Ass, Zwei, Drei … bis Zehn, Bube, Dame und den König. Im Tarot kommt noch eine zusätzliche Karte hinzu: der Ritter. Er wird zwischen dem Buben und der Königin eingeordnet. In manchen Decks findet man statt des Buben auch die Prinzessin, die Bedeutung bleibt aber im Wesentlichen dieselbe.

Die vier Bereiche und Elemente

Jeder der Teilbereiche (Stäbe, Münzen, Kelche, Schwerter) steht in Verbindung mit einem der vier Elemente. Schau dir dazu gern einmal deine sortierten Karten an und mach dir Gedanken, was typische Symbole oder andere wiederkehrende Bilder sind, die die Charakteristik des jeweiligen Elements widerspiegeln.

Stäbe	Feuer	Inspiration, Ideen, Karriere und Projekte, Kreativität, Flow, Energie
Münzen	Erde	Finanzielles, Besitz, Karriere, Geld, Beständigkeit, Gesundheit und Körper
Kelche	Wasser	Emotionen, Beziehungen, Familie und Freunde, Gefühle, Intuition
Schwerter	Luft	Gedanken, Intellekt, Kommunikation, Probleme und Lösungen, Rationalität

Diese Eigenschaften werden im nächsten Schritt mit den Zahlen- oder den Hofkarten kombiniert, um zu einer ersten Deutung zu gelangen.

Die Zahlenkarten

Aus der Kombination der Elemente und der jeweiligen Zahl (Ass bis Zehn) entsteht eine erste Deutung deiner Karte. So steht beispielsweise die »Zwei der Schwerter« für eine Entscheidung auf rationaler Ebene oder die »Neun der Kelche« für emotionale Fülle. Du kannst gern die Karten der gleichen Zahl aus allen vier Elementen nebeneinander legen und die Themen auf dich wirken lassen. Kannst du diese innerhalb der Bilder erkennen oder nimmst du etwas ganz anderes wahr? Mach dir gern deine ersten Notizen dazu. Die allgemeine Bedeutung der Zahlen kannst du in dieser Tabelle sehen:

Ass	Neubeginn, Möglichkeiten, Potenziale, Inspiration, Fokus
Zwei	Balance, Dualität, Kreuzung, Entscheidung, Zusammenführung
Drei	Wachstum, Kreativität, Entfaltung, Möglichkeiten
Vier	Innehalten, Grundlage, Strukturen, Gegenwart, Stagnation
Fünf	Instabilität, Wandel, Veränderung, Herausforderung, Konflikt
Sechs	Kommunikation, Anerkennung, Gemeinschaft, Harmonie, Ausgleich/Umstellung
Sieben	Reflektieren, inneres Wachstum, Frustpotential
Acht	Bewegung, Hoffnung, Veränderung, Klarheit, Regeneration, Bewältigung
Neun	Erfüllung, Sprießen, Reifen, Intensität, man nähert sich dem Abschluss
Zehn	Abschluss, Ende des Zyklus, Erneuerung

Die Hofkarten

Die vier Hofkarten stehen meist für Aspekte unserer Persönlichkeit. Sie können aber auch für andere beteiligte Personen stehen oder dafür, wie du von anderen wahrgenommen wirst. Die Bedeutung der Hofkarten entsteht, wie bei den Zahlenkarten, aus der Kombination von Element und höfischer Figur. Der »König der Schwerter« steht beispielsweise für eine rationale, autoritäre Persönlichkeit.

Page	bereit, eine neue Möglichkeit, ein neues Projekt anzugehen, voller Tatendrang, aber noch etwas unerfahren
Ritter	auf einer Mission, aktiv, zielgerichtet
Königin	weibliches Prinzip – innere Kraft: empfangend, reifend
König	männliches Prinzip – äußere Kraft: bestimmt, dominant

Wenn du noch nicht so vertraut mit den Karten bist, kann dir diese Übersicht bei den ersten Legungen helfen. Gerade am Anfang bist du aber auch noch unvoreingenommen und kannst die Karten selbst entdecken, was ich dir sehr ans Herz legen möchte. Du kannst eigene Verknüpfungen zu Symbolen, Tieren und Farben herstellen und die Karten viel freier und intuitiver deuten.

Große Arkana

Auch hier gilt: Nimm dir gern deine Karten zur Hand und notier dir, was dein erster Impuls beim Betrachten der jeweiligen Bilder war. Im nächsten Schritt lass gern meine Worte auf dich wirken. Spür in dich hinein, was du davon wahrnimmst und wie du die Karte selbst empfindest. Haben meine Worte deine erste Wahrnehmung abgerundet, dir andere Impulse gegeben oder hast du eine ganz andere Sicht? Mach dir gern weitere Notizen zu den einzelnen Karten.

Warum spreche ich bei der Großen Arkana von Licht- und Schattenaspekten? Wie ich bereits im Kapitel »Der Tarot-Mythen-Auflösungs-Quickie« kurz angesprochen habe, gibt es keine guten oder bösen Karten. Jede Karte birgt Potenziale und Herausforderungen. Diese sind gerade bei der Großen Arkana sehr präsent, weil sie unsere Lebensthemen widerspiegeln. Es ist also immer wichtig, beide Aspekte zu berücksichtigen, wenn es später auch um komplexere Legungen und das Zusammenspiel verschiedener Karten geht.

Hier findest du zunächst einen kurzen Überblick über die Große Arkana, später schildere ich dir meine Deutung noch ausführlicher.

0 – Der Narr

Licht: Neuanfang, Leichtigkeit, Vertrauen, Neugier.
Schatten: Naivität, unüberlegtes Handeln.

I – Der Magier

Licht: alle Ressourcen nutzen, Kreativität, Schöpfer(in) deines Lebens, Manifestation.
Schatten: Stärken werden nicht gesehen oder nicht gelebt, zu viele Möglichkeiten, Selbstüberschätzung.

II – Die Hohepriesterin

Licht: innere Weisheit und Intuition, Vertrauen, Unterbewusstsein.
Schatten: gestörtes Urvertrauen, Geheimnisse und Verborgenes.

III – Die Herrscherin

Licht: Weiblichkeit, Fruchtbarkeit, Fülle, Lebendigkeit.
Schatten: Aufopferung, Überfluss.

IV – Der Herrscher

Licht: solides Fundament, Stabilität, Struktur, Erfolg.
Schatten: mangelnde Flexibilität, Strenge.

V – Der Hierophant

Licht: Spiritualität, Vertrauen in das Universum, inneres Wissen, die eigene Wahrheit vertreten, guter Rat.
Schatten: fehlendes Vertrauen, überholte und einschränkende Werte.

VI – Die Liebenden

Licht: Entscheidungen aus dem Herzen treffen, Verbindungen, Liebe, Harmonie herstellen.
Schatten: sich nicht entscheiden wollen oder können, Disharmonie.

VII – Der Wagen

Licht: Fokus, Aufbruch, Zielführung, Selbstbestimmung, Entschlossenheit.
Schatten: Unsicherheit, Selbstzweifel, Orientierungslosigkeit.

VIII – Kraft

Licht: Mut, liebevoller Krafteinsatz, innere Stärke, eigene Ängste überwinden.
Schatten: Kontrollverlust, Unruhe.

IX – Der Eremit

Licht: Innenschau, Zeit für sich, innere Führung, Schritt für Schritt, Reife.
Schatten: Isolation, Einsamkeit.

X – Rad des Schicksals

Licht: ein Wendepunkt, dem Leben vertrauen (»Go with the flow«), die richtige Zeit, Weg der Berufung.
Schatten: Ungleichgewicht, Fremdbestimmung.

XI – Gerechtigkeit

Licht: Gerechtigkeit, Fairness, erst abwägen, dann handeln, ehrlich mit sich selbst sein, Selbstverantwortung.
Schatten: Ungerechtigkeit, gegen die eigene Moral handeln.

XII – Der Gehängte

Licht: Perspektive wechseln, Shift im Mindset, Erleuchtung finden, Befreiung.
Schatten: Handlungsunfähigkeit, Opferhaltung.

XIII – Tod

Licht: Transformation, Erlösung, vollständige Verwandlung, Loslassen.
Schatten: Trauer, Abschied, Stagnation, nicht loslassen können.

XIV – Mäßigkeit

Licht: Balance, Gelassenheit, das richtige Maß, Heilung, alles im Einklang.
Schatten: Ungleichgewicht, Ungeduld, Langeweile.

XV – Der Teufel

Licht: Schattenarbeit, Abhängigkeiten erkennen, mit ungesunden Gewohnheiten brechen.
Schatten: Verstrickung, Energievampire, freiwillige (Co-)Abhängigkeit, ungesunde Beziehungen.

XVI – Der Turm

Licht: Raum für Neues wird geschaffen, Durchbruch, radikale Veränderung, Ausbruch aus alten Strukturen, Möglichkeit, sich neu zu erfinden.
Schatten: Zusammenbruch, Chaos, Trümmer, Sicherheitsverlust.

XVII – Der Stern

Licht: Erfüllung finden, Träume verwirklichen, Berufung, Vertrauen in die Zukunft und das Universum, Reinheit.
Schatten: Sehnsucht, aber nicht benennen können, wonach; fehlende Vision.

XVIII – Der Mond

Licht: Wachstum durch Schattenarbeit, sich mit seinen tiefsten Bedürfnissen auseinandersetzen.
Schatten: Verwirrung, vieles ist unklar, Depression, Kontrollverlust, Ängste.

XIX – Die Sonne

Licht: pure Lebensfreude, Strahlkraft, Unbeschwertheit, Optimismus, im Einklang mit dem inneren Kind sein.
Schatten: kindliches Verhalten.

XX – Gericht

Licht: Befreiung und Wiedergeburt, lang ersehnter Wandel, Selbstannahme und Selbstvergebung.
Schatten: (Selbst-)Verurteilung.

XXI – Die Welt

Licht: erfolgreicher Abschluss, Erfüllung, den Platz im Leben finden, (innerlich) ankommen, Happy End.
Schatten: eine Lebensphase nicht beenden wollen, etwas noch aufschieben wollen.

Sonderfälle bei der Deutung

Reversals

So nennt man umgekehrt aufgedeckte Karten, die also auf dem Kopf stehen, wenn du sie hingelegt hast. Umgekehrte Karten sind ein sehr beliebtes Thema in meinen Tarot-Mentorings und Fragerunden. Wenn in einer Legung umgekehrte Karten auftauchen, führt dies oft zu Verunsicherung, da viele nicht wissen, wie sie damit umgehen sollen. Auch hier ist ganz wichtig, dass du auf dich selbst hörst und dich vor der Legung entscheidest. Viele, mich zum aktuellen Zeitpunkt eingeschlossen, verzichten auf eine andere Interpretation umgekehrter Karten. Für mich geben die weiteren, umliegenden Karten genug Aufschluss über die vorherrschende Situation oder Thematik, daher brauche ich diesen »extra Input« nicht, den umgekehrte Karten liefern könnten. Andere wiederum schwören darauf und sehen diese Karten als Feinheiten oder zusätzliche Würze des Readings an.

Du kannst beides ausprobieren und sehen, wie es sich für dich anfühlt. Auch wenn du am Anfang nicht mit Reversals legst, muss das nicht immer so bleiben. Tarot ist ein Tool, das stets im Wandel ist und sich mit dir und deinen eigenen Erfahrungen weiterentwickelt. Vielleicht fühlt es sich an einem Tag vor genau dieser Legung richtig an, umgekehrte Karten miteinzubeziehen, und möglicherweise tut es das übermorgen nicht mehr. Das ist okay. Da ich nicht mit Reversals arbeite, sortiere ich die Karten vor jedem Mischen aufrecht. Doch auch das ist eines *meiner* Rituale – du kannst sie auch einfach umdrehen, sollte sich eine Karte in deinem Reading verkehrt herum zeigen.

Wenn du sie einbeziehen willst, hier ein paar Worte, wie Reversals gedeutet werden können:

- **Umgekehrte Karten bedeuten das Gegenteil der aufrechten Karte:** Ich muss sagen, dass ich mich mit dieser Art der Interpretation etwas schwertue, da für mich Karten immer eine Licht- und eine Schattenseite haben. Wenn du aber die Karten grundsätzlich in ihrer Lichtseite deuten würdest, macht es Sinn, die auf dem Kopf stehenden Karten dann als Schattenseite zu interpretieren.
- **Umgekehrte Karten bedeuten das negative Extrem der aufrechten Karte:** Okay, seien wir ehrlich, mit dieser Art der Deutung kann es in manchen Readings verdammt heikel werden. Aber auch hier gilt: Wenn du es so fühlst, dann ist es für dich genau die richtige Art der Interpretation.
- **Umgekehrte Karten werden als Blockade, Verweigerung oder Ablehnung gedeutet:** Mit dieser Art der Deutung umgekehrter Karten habe ich persönlich sehr gute Erfahrungen gemacht. Ich empfinde sie als sehr stimmig, da wir alle gewisse Blockaden in uns tragen oder Themen, vor denen wir uns gern einmal verschließen. Mit dieser Art der Deutung weist uns die Karte darauf hin, bei diesem Thema noch einmal genauer hinzuschauen oder zu fragen, wie wir diese Blockade lösen können.

Indikator-Karten

In manchen meiner Legungen wähle ich eine Karte zusätzlich aus, die beleuchten soll, was hinter der ganzen Thematik liegt. Das ist gerade dann sinnvoll, wenn du überlegst, Readings später auch einmal für andere zu geben. Hinter jeder Frage verbergen sich Wünsche, Sehnsüchte, aber auch Blockaden oder alte Wunden. In meiner Anfangszeit als Tarot-Kartenlegerin habe ich ein paar klassische

Anfragen für Liebesreadings bekommen. Oft war die Frage »Warum finde ich keinen Partner?« oder »Was muss ich tun, um einen neuen Partner zu finden?«. Heute spreche ich vorab mit der jeweiligen Person und wir formulieren die Frage ein wenig um. Denn hinter der Frage nach einem neuen Partner steckt wie schon erwähnt oft etwas ganz anderes: Angst vor Einsamkeit vielleicht oder aber auch die Sehnsucht nach Wertschätzung, die man sich in diesem Moment nicht selbst entgegenbringt. Leider ist es jedoch so, dass sich nicht alle direkt für eine andere Fragestellung öffnen. In so einem Fall schätze ich die Möglichkeit einer Indikatorkarte zusätzlich zum ausgewählten Legemuster. Besonders sinnvoll ist sie auch bei einer Entscheidungslegung.

Clarifiers

Irgendwann kommst du an einen Punkt, an dem die Karte auf einer bestimmten Position einfach nicht mit dir sprechen will oder du das Gefühl hast, dass noch nicht alles gesagt ist. Ein innerer Drang macht sich breit, eine weitere Karte zu ziehen, um die bereits gelegte Karte oder das Legebild zu unterstützen. Yes, do it!

Eine Karte zu einem Reading hinzuzunehmen, macht dann Sinn, wenn du dir bereits alle Karten ausgiebig angesehen und an ihrer jeweiligen Position und im Zusammenspiel gedeutet hast. Wenn du dann immer noch das Gefühl hast, dass eine wichtige Info fehlt oder eine Karte in der Legung noch nicht richtig erfasst werden kann, nimm eine weitere Karte für diese Position hinzu. Sei aber bitte sparsam mit diesen zusätzlichen Karten, denn statt die Aussage zu verdeutlichen, können zusätzliche Karten (gerade wenn es zu viele sind oder/und an verschiedenen Positionen) die Bedeutung verwaschen oder dich schlichtweg überfordern. Folge auch hier deinem Gefühl.

Die richtige Wahl eines Clarifiers:

Es gibt zwei Methoden, die sich für mich bewährt haben:

- **Spezifischer Clarifier für eine bestimmte Position:** Misch das restliche Deck, wenn du möchtest, noch einmal durch und zieh eine Karte (oben weg, unten, Mitte – was sich für dich gut anfühlt) und leg sie zu der Karte, die du klären willst.
- **Allgemeiner Clarifier zum Abrunden des Readings an sich:** Dreh den Kartenstapel um und schaue dir die unterste Karte des Decks an. Diese Art des Clarifiers ist für mich sehr schön, um noch einmal einen Impuls zu bekommen. Sie kann auch als zusätzliche Indikatorkarte verwendet werden, um zu erfahren, welches Thema eventuell noch tiefer liegt.

Das Herz des Tarot: Dein persönliches Reading

Bevor wir uns die Karten im Detail anschauen, möchte ich dir einmal zeigen, wie ich bei meinen Readings vorgehe. Denn auch hier bietet es sich an, mit etwas Struktur zu starten, obwohl das Tarot ein sehr intuitives Tool ist. Du wirst merken, dass dir diese Struktur helfen wird, und schon nach kürzester Zeit gestaltest du dein Reading intuitiv und wirst gar nicht mehr darüber nachdenken.

Der erste Eindruck

Früher war es sehr gängig, dass die meisten Kartenlegerinnen oder -leger die Karten einzeln umgedreht und auf ihrer Position gedeutet haben und erst am Ende noch etwas zum großen Ganzen gesagt haben. Ich finde diese Art des Readings nicht vorteilhaft, weil uns durch die schrittweise Einzeldeutung viele Informationen verloren gehen können. Das Tarot ist ein Zusammenspiel verschiedener Karten, vor allem natürlich wenn diese in Legemustern auf unterschiedlichen Positionen liegen. Durch die Betrachtung des gesamten Bildes wird uns vieles direkt auffallen, was wir sofort in unsere Deutung miteinfließen lassen können. Selbst wenn du noch kein Tarot-Profi bist, entstehen erste Assoziationen, wenn du dir das gesamte Kartenbild genauer anschaust. Deshalb rate ich immer dazu, die Karten erst einmal ausgiebig zu betrachten und sich die folgenden Fragen zu stellen:

- Wie wirken die Karten auf mich?
- Welche Karte zieht mich besonders an?
- Welche Karte wirkt eher anziehend/abstoßend auf mich?
- Welche Details stechen mir direkt ins Auge und was assoziiere ich damit?
- Was fühle ich beim Betrachten der Karte?

Mit diesen Fragen erlangst du erste Informationen ganz intuitiv und kannst sie im Hinterkopf behalten. Das ist der ganz individuelle, intuitive Eindruck, der uns auf emotionaler Ebene erreicht. Wir sprechen hierbei unseren Körper an und bekommen vielleicht erste Reaktionen wie beispielsweise Freude, Angst oder Neugier.

Der Überblick

In diesem Schritt konzentrieren wir uns auf die Verteilung der Karten unseres Readings und schauen uns deren Verhältnisse an. Wie viele Karte der verschieden Elemente befinden sich in der Legung? Sind einige Karten der Großen Arkana vertreten? Wie sieht es mit den Hofkarten aus? Dies macht gerade bei großen Legemustern mit fünf oder mehr Karten Sinn, um zu verstehen, welche Energien generell vorherrschend sind.

Große Arkana

Der Großen Arkana werden unsere Lebensthemen zugeordnet, deshalb bekommt sie einen besonderen Fokus. Gerade in Phasen, die sich für uns etwas länger ziehen, beobachten wir oft, dass sich immer wieder dieselben Karten der Großen Arkana zeigen, um unseren Blick noch einmal zu schärfen. Nun schauen wir also, ob Karten der Großen Arkana in deiner Legung dabei sind. Sind es viele, wird es wahrscheinlich um ein tiefer liegendes Thema gehen, das dich schon eine ganze Weile begleitet oder noch begleiten wird. Sollte keine (oder eine/wenige – je nach Größe des Legemusters) Karte der Großen Arkana auf dem Tisch liegen, ist das Thema vielleicht gar nicht so groß wie ursprünglich angenommen und kann relativ einfach und kurzfristig angegangen werden.

Hofkarten

Sollten überdurchschnittlich viele Hofkarten in einem Spread, also Legemuster auftauchen, kann dies auf Einflüsse von außen hinweisen. Das können beispielsweise Personen sein, die sich in dein Thema einmischen (aktiv oder passiv). Eine weitere Deutungsmöglichkeit mehrerer Hofkarten wären verschiedene Persönlichkeitsanteile, die möglicherweise miteinander im Clinch stehen, was die Fragestellung betrifft.

Die Elemente

Auch die Verteilung der Elemente kann uns zu Beginn schon sehr viel Aufschluss geben. Kommt ein Element gehäuft vor, wirkt es verstärkt. Doch auch die Abwesenheit eines einzelnen Elements hat eine Bedeutung. Fehlen beispielsweise in einer Legung Kelche und jedes andere Element ist ein- oder mehrmals vertreten, lassen sich daraus Rückschlüsse ziehen, dass beim Thema dieser Legung womöglich Gefühle ausgeschlossen oder unterdrückt werden könnten. Im nächsten Schritt kann man dann untersuchen, ob diese fehlenden Emotionen eher zurückgehalten werden oder aus anderen Gründen fehlen.

Zahlenkarten

Im vorherigen Kapitel bin ich schon ein wenig auf die übergeordneten Themen der Zahlenkarten eingegangen. Wenn wir in einem Reading zwei oder mehr Karten derselben Zahl aus der Kleinen Arkana finden, kann dies ebenfalls Aufschluss darüber geben, an welchem Punkt wir uns gerade innerhalb eines Prozesses befinden. Die Zahlenkarten lassen uns innerhalb unserer Themen einen gewissen Zyklus durchlaufen. Dieser beginnt mit dem Ass, das etwas Neues initiiert, und endet mit der Zehn, die für einen Abschluss steht. Tauchen also zwei oder mehr Vierer in deiner Legung auf, kann dies ein Hinweis darauf sein, dass es in Bezug auf die Fragestellung gerade stagniert. Vielleicht wird dabei zu sehr an (veralteten) Strukturen festgehalten oder etwas übersehen.

Hier eine Übersicht der Zahlenkarten für diesen Schritt:

- Asse initiieren etwas Neues.
- Zweien deuten oft auf eine anstehende Entscheidung.
- Dreien stehen für Gemeinschaft oder Wachstum.
- Vieren setzen Strukturen, stehen aber auch für Stagnation.
- Fünfen bergen Konfliktpotenzial.
- Sechsen bieten Lösungen an und zeigen, dass die Dinge wieder in Fluss kommen.
- Siebener überwinden Frustpotenzial und erschaffen inneres Wachstum.
- Achter schenken Hoffnung und geben Möglichkeit auf Entfaltung.
- Neuner bieten Erholung, Erfüllung oder (letzte) Prüfungen/Hürden.
- Zehner deuten auf das Ende eines Zyklus und damit die Erneuerung.

Alles ineinanderfließen lassen

Im nächsten Schritt bringst du deine Beobachtungen zusammen und kannst eine erste eigene Deutung vornehmen. Wenn du bereits die Grundbedeutungen der Karten kennst, kannst du sie mit deinen Beobachtungen verknüpfen und erhältst so Schritt für Schritt eine umfassende Interpretation. Dabei beleuchtest du die Position, auf der die jeweiligen Karten liegen, sowie deren Umfeld und deine Erkenntnisse aus den vorherigen Schritten. Man kann sich das ein wenig wie das Heranzoomen eines Bildes vorstellen – je mehr Details in die Deutung einfließen, umso schärfer wird dein Bild.

Um das Bild noch weiter zu schärfen, folgen in den nächsten Kapiteln die detaillierten Beschreibungen aller Karten. Dabei habe ich mir noch etwas Besonderes überlegt. Zusätzlich zu den Beschreibungen der einzelnen Karten findest du weitere Möglichkeiten, mit den Karten zu arbeiten oder sie besser kennenzulernen:

- **Shine your light:** Unter diesem Titel verbergen sich Selfcare-Momente oder kleine Übungen für dich. Es soll dabei darum gehen, dir bewusst Zeit für dich zu nehmen oder etwas Neues auszuprobieren. Je nach Kartenthema können das einfach bewusste fünf Minuten sein oder eben auch mal ein ganzer Tag, den du nur mit dir selbst verbringst. Dabei gibt es einige Ideen für kleine Auszeiten, Übungen, um dich noch besser kennenzulernen, und vieles mehr. Lass dich von dir selbst inspirieren. Wenn du Lust hast, die Shine-Your-Light-Rubrik öfter zu nutzen oder dir auch Notizen zu den Karten zu machen, empfehle ich dir ein Journal – so hast du alle deine Gedanken gesammelt und kannst immer wieder darin blättern. Das Shine your light funktioniert am besten in Form einer einzelnen Tageskarte, die du dir morgens oder abends ziehst.
- **Affirmation:** Zu jeder Karte findest du auch eine Affirmation. Diese kann dich bei der Deutung unterstützen oder dir einfach als Impuls dienen, wenn du die Karte als Tageskarte gezogen hast.

- **Charaktereigenschaften:** Da die Hofkarten für die meisten von uns etwas tricky sind, gebe ich für sie jeweils drei Charaktermerkmale an. Diese helfen dir, die Persönlichkeit der einzelnen Karte noch besser zu greifen – und wer weiß, vielleicht kennst du auch jemanden aus deinem Umfeld oder eine bekannte Persönlichkeit, die genau zu diesen Merkmalen passt. Diese Assoziationen können dir damit helfen, die Karten in der Legung leichter zu verstehen.

Bist du bereit für dein erstes Reading?

Misch die Karten, leg sie aus und interpretiere zunächst einmal rein intuitiv. Du möchtest noch mehr ins Detail gehen? Dann schau dir gern die ausführlichen Beschreibungen der folgenden Kapitel an.

Die Kleine Arkana deuten

Du kannst die Wellen nicht stoppen, aber du kannst lernen zu surfen.

JON KABAT-ZINN

Die Deutungen, die ich in diesen Kapiteln vornehme, enthalten zum Teil Bezüge zum Waite-Smith-Tarot-Deck, auch Rider-Waite-Tarot genannt. Doch du kannst sie natürlich auf andere Tarot-Decks übertragen.

Die Zahlenkarten

Ass

Es kann losgehen; etwas Neues darf starten. Du befindest dich an einem Punkt, an dem sich eine neue Möglichkeit bietet. Dir wird ein Geschenk gegeben, eine neue Chance. Nun liegt es an dir, den Samen zu setzen und dafür zu sorgen, damit er sich entfalten kann.

Zwei

Entscheidungen sind nicht immer einfach zu treffen. Manchmal fällt es uns schwer, aus der Komfortzone herauszukommen, obwohl wir wissen, dass Wachstum nur dann passiert, wenn wir genau das tun: uns etwas zutrauen.

Drei

Wenn eine Entscheidung getroffen ist, kommt ein Prozess in Gang. Es eröffnen sich neue Möglichkeiten. Dabei ist es ganz wichtig, auf dich und das Universum zu vertrauen, aktiv zu werden und deinen eigenen Weg zu beschreiten, egal wie anstrengend oder schmerzhaft er zeitweise auch sein wird. Denn auch Rückschläge und Schmerz gehören zum Prozess des Wachsens.

Vier

In allen Vierern steckt ein Thema: Innehalten. Es erstreckt sich von glücklichem Verweilen (Stäbe), einer Untätigkeit in Form von Langeweile (Kelche) oder Kontrolle (Münzen) bis hin zu einer Ruhe, zu der man gezwungen wird, sollte man nicht selbst bereit sein, sich zurückzuziehen (Schwerter). Während sich andere Karten stark an der Zukunft orientieren, legen diese den Fokus auf die Gegenwart.

Fünf

Wir kommen in der Mitte an und die Fünfer stellen einen Wendepunkt dar. Dieser ist nicht immer einfach und daher müssen wir das ein oder andere Mal über uns selbst hinauswachsen. Durchhaltevermögen, Hoffnung und Vertrauen in uns selbst sind wichtige Helfer, die uns in der Energie der Fünfer unterstützen können. Dazu dürfen wir uns noch einmal mit uns selbst auseinandersetzen und bewusst unsere Glaubenssätze hinterfragen.

Sechs

Mit den Sechsern dürfen wir die Schwere der Fünf hinter uns lassen und wieder in den Flow kommen. Wir beschäftigen uns zudem mit unserer eigenen Balance, Harmonie und Strahlkraft.

Sieben

Im Bereich der Sieben geht es um keinen äußeren Fortschritt, sondern um inneres Wachstum. Das ist leider oft mit einem gewissen Frustpotenzial verbunden, das zunächst überwunden werden darf. Dennoch hilft uns diese Stufe, denn sie lehrt uns, weiterhin im Vertrauen zu bleiben und unserer Intuition zu folgen.

Acht

Die Zeit der Entfaltung. Während die Karten der Sieben keinen großen Fortschritt versprochen haben, geht es mit den Achtern nun wieder vorwärts. Dieser Weg ist allerdings nicht immer einfach, doch für die eigene Entwicklung nötig.

Neun

Mit den Neunern nähern wir uns dem Abschluss. Unser Ziel ist zum Greifen nah, unsere Arbeit trägt Früchte und wir finden Erfüllung in unserem Tun oder Sein.

Zehn

Mit der Zehn schließt sich der Kreis und wir sind am Ende des Zyklus der Kleinen Arkana angekommen. Nun darf alles zu einem Abschluss kommen und sich erneuern, bevor ein neuer Zyklus beginnt.

Ass der Stäbe

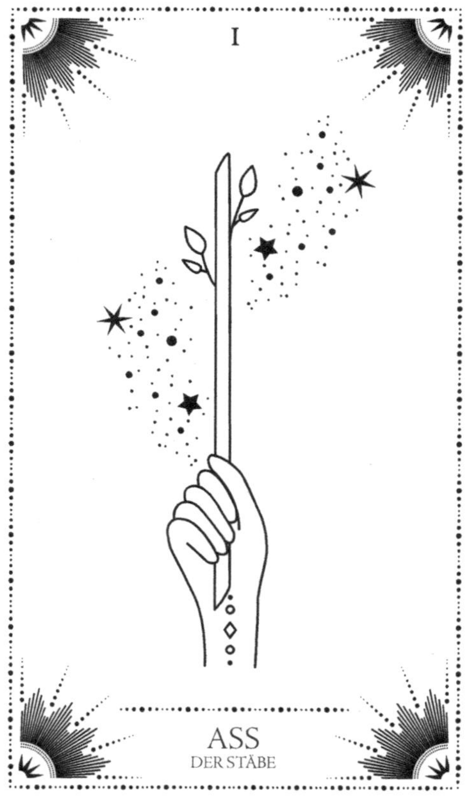

Impulse: Chance für eine neue Tätigkeit, neue Ideen oder Pläne, Lebenskraft, Fokus und Aktion.

Bedeutung: Vielleicht ist sie noch nicht sichtbar, dennoch bietet sich dir eine neue Möglichkeit im Bereich der Kreativität. Möglicherweise kommt eine neue Idee oder ein Plan ins Rollen, du findest Erleuchtung, wo du schon seit längerer Zeit im Dunkeln umhergelaufen bist, oder dich ereilt ein Gedankenblitz. Dieser Impuls ist voller Power und will vorangetrieben werden.

Shine your light: Zeit für etwas Neues! Schau einmal in deinem Leben, wo du ein kreatives Projekt beginnen kannst, das dir ein wohliges Kribbeln in den Bauch zaubert. Welche Tätigkeit würde dir genau jetzt guttun? Was wolltest du schon immer einmal ausprobieren? Nimm die erste Antwort, die sich gut anfühlt, und leg los.

Affirmation:
Ich lasse meine Leidenschaft Realität werden.

Ass der Münzen

Impulse: Chance auf einen Neubeginn auf materieller Ebene, das Leben stabilisiert sich, Wohlstand und Unabhängigkeit.

Bedeutung: Du hast nun die Möglichkeit, dein finanzielles und/oder berufliches Potenzial zu nutzen. Dies kann auf der Jobebene sein, wie beispielsweise durch eine Beförderung oder ein neues Angebot, oder aber auch mit der Möglichkeit, dir ein sicheres Fundament zu errichten. Möglicherweise findest du ein neues Zuhause, das dir eine gewisse Erdung und Sicherheit ermöglicht. Wichtig ist allerdings, dass du selbst aktiv wirst. Dabei darfst du in einen gewissen Flow kommen und erfährst Beständigkeit im Inneren und Fülle im Außen.

Shine your light: Erstelle eine Liste mit Dingen, die du dir in beruflicher oder materieller Hinsicht wünschst. Frage dich dann: Was von diesen erfüllt dich am meisten? Was könnte dich am längsten begleiten und glücklich machen? Wenn du diesen Punkt auf deiner Liste gefunden hast, schreib ihn dir auf einen kleinen Zettel, lies ihn dir immer wieder durch und visualisiere dein »neues« Leben.

Affirmation:
Ich erschaffe meine Welt.

Ass der Kelche

Impulse: Chance auf seelische Erfüllung, der Berufung folgen, Herzenswünsche werden erfüllt.

Bedeutung: Wie die anderen Asse steht auch das »Ass der Kelche« für einen initialen Impuls. Hier im Bereich der Gefühle und Emotionen. Dabei geht es um Herzenswünsche, die erfüllt werden, oder ein neues Projekt, das uns tiefgründig erfüllt. Wir schäumen über vor Glück, wie wenn Wasser den Kelch zum Überlaufen bringt.

Shine your light: Stell dich eine Woche lang jeden Tag vor den Spiegel und sag dir laut, was du an dir und deinem Körper magst und wofür du dankbar bist. Schenk dir in dieser Zeit immer dann ein Lächeln, wenn du an einem Spiegel oder einer dich spiegelnden Oberfläche vorbeikommst, und erinnere dich an deine wohlwollenden Worte und Gedanken.

Affirmation:
Ich liebe mich selbst und folge meinem Herzen.

Ass der Schwerter

Impulse: Chance auf mentale Klarheit, das Wesentliche sehen, erfolgreiche Projekte, neue Ideen und gute Entscheidungen.

Bedeutung: Du wirst die Möglichkeit bekommen, das Wesentliche zu sehen und gegebenenfalls Probleme zu lösen, die schon länger im Raum standen. Es herrscht Klarheit in deinem Denken und Handeln, was es dir ermöglicht, eine (rationale) Entscheidung zu treffen, die dich weiterbringt. Du gehst in diesem Prozess zwar kopfgesteuert, aber zielgerichtet vor und weißt genau, worauf es ankommt und was du willst.

Shine your light: Nimm ein paar tiefe Atemzüge und lass deine Gedanken wandern. Was steht dir vielleicht gerade im Weg? Was belastet dich mental? Mit jedem Atemzug lässt du etwas mehr davon weiterziehen. Mach dir noch einmal mehr bewusst, was du kannst und wer du bist. Nachdem du alle negativen Gedanken hast gehen lassen, schreib fünf Dinge auf, die du in diesem Jahr schon erreicht hast, und freu dich über deinen Erfolg.

Affirmation:
Ich bin wertvoll und darf Großes erreichen.

Zwei der Stäbe

Impulse: Unentschlossenheit zwischen Status quo und neuen Möglichkeiten oder Ideen, Neutralität, Inaktivität und mangelndes Engagement.

Bedeutung: Im Waite-Smith-Deck zeigt sich ein sehr schönes Bild. Eine Person steht mit der Weltkugel in der Hand auf einem Turm und blickt in die Ferne. Eigentlich willst du dich dem Außen wieder zeigen. Denn es gibt mehr zu entdecken als das Leben in deiner Burg. Nun willst du etwas verändern, bist jedoch unentschlossen. Du befindest dich noch immer auf deinem Turm, inmitten des Altbekannten. Du bist in deiner Komfortzone. Die Zeit der Innenschau, des Lebens in der Burg, ist aber vorbei. Nun ist der richtige Moment gekommen, sich neuen Projekten oder Plänen zu widmen und mehr vom Leben zu fordern. Welche Pläne darfst du nun umsetzen?

Shine your light: Lass dich inspirieren. Plane eine (virtuelle) Reise an einen Ort, der dich schon länger fasziniert oder der dir bisher unbekannt war. Recherchiere, schau dir Bilder, Videos und Dokumentationen an und tauche tief ein in eine dir (un)bekannte Welt.

Affirmation:
Ich bin verbunden mit der Welt.

Zwei der Münzen

Impulse: Flexibel bleiben, das Leben ist im Fluss, mit deinen Möglichkeiten jonglieren, abwägen.

Bedeutung: Wir befinden uns in einem ständigen Zyklus des Lebens, einem Wechsel zwischen Auf und Ab. Hier ist es ganz besonders wichtig, herauszufinden, was gerade wirklich wichtig ist und Priorität hat. Doch dabei solltest du flexibel bleiben und deine Leichtigkeit behalten. Die Dinge ändern sich oft schnell, daher ist es hilfreich, flexibel zu bleiben und die Wellen so zu nehmen, wie sie kommen. Justiere noch etwas nach, sollte sich die Priorität deiner Möglichkeiten verändern.

Shine your light: Es darf leicht sein. Welche Gepäckstücke deines imaginären Rucksacks darfst du loslassen, um ein Stück mehr Leichtigkeit zurückzubekommen? Was hast du dir aufgeladen, das vielleicht gar nicht dein eigenes Gepäck ist? Mach eine kleine Bestandsaufnahme und überlege, was zu tun ist. Kannst du Dinge delegieren, abarbeiten oder vielleicht einfach ziehen lassen?

Affirmation:
Ich vertraue auf den Fluss des Lebens.

Zwei der Kelche

Impulse: Einheit, inspirierende Begegnung, erfüllende Partnerschaft oder Freundschaft, Aufeinanderzugehen.

Bedeutung: Die »Zwei der Kelche« weist auf einen Menschen in deinem Leben hin, der dich inspiriert, motiviert und dessen pure Anwesenheit dich erfüllt. In dieser Person findest du einen Seelenpartner, der die gleichen Werte und Vorstellungen mit dir teilt. Ihr begegnet euch auf Augenhöhe und du kannst dich blind auf diese Person verlassen. Die »Zwei der Kelche« kann aber auch für eine inspirierende Begegnung stehen. Vielleicht triffst du jetzt auf eine Person, die sich in einer ähnlichen Situation wie du befindet oder dieselbe Leidenschaft mit dir teilt. Möglicherweise steht die Karte aber auch für ein Aufeinanderzugehen nach einer Meinungsverschiedenheit oder einem Streit.

Shine your light: Plane eine kleine Überraschung für einen Herzensmenschen. Ob ein selbstgekochtes Abendessen, ein Spaziergang im Wald oder ein Besuch im Planetarium – der oder die Beschenkte wird sich mit Sicherheit freuen.

Affirmation:
Gemeinsam kreieren wir pure Magie.

Zwei der Schwerter

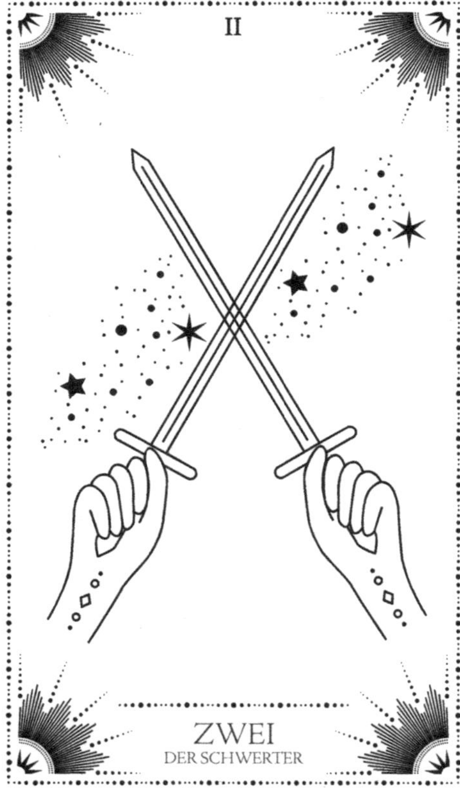

Impulse: Hin- und hergerissen sein, Zweifel, innere Balance finden, in sich hineinspüren.

Bedeutung: Die »Zwei der Schwerter« steht ebenfalls für eine Dualität, eine Entscheidung, die getroffen werden will. Oft wird das Motiv mit einer Frau dargestellt, die zwar zwei Schwerter in den Händen hält, jedoch eine Augenbinde trägt, was bedeutet, dass eine Balance zwischen Verstand und Herz hergestellt werden soll. Eine anstehende Entscheidung soll nicht nur auf rationaler Ebene erfolgen. Dein Herz will ebenfalls gehört werden, was auch noch einmal durch den Mond und das Wasser im Rücken der Frau verdeutlicht wird (bei Waite-Smith). Lass dich nicht von anderen beeinflussen und spür in dich hinein. Was fühlt sich für dich richtig an? Du darfst deiner Intuition vertrauen und ihr folgen.

Shine your light: Gönn dir einen ruhigen Moment für dich, vielleicht in der Natur oder in der Badewanne, und spür einmal in dich hinein. Was fühlst du, wenn es um die Situation geht, die dich gerade beschäftigt? Ist es ein freudiges Kribbeln oder eher ein komisches Gefühl, das sich nicht genau beschreiben lässt, sich aber nicht besonders gut anfühlt? Sprich laut aus, was du wahrnimmst, und lass es auf dich wirken …

Affirmation:
Ich schenke meinem Herzen Gehör.

Drei der Stäbe

Impulse: Neuanfang, Produktivität, Sinnsuche, neue Perspektiven.

Bedeutung: Eine unendliche Weite liegt vor dir. Du kehrst allem, was vergangen ist, den Rücken und blickst voller Zuversicht in die Zukunft. Du bist bereit, die Möglichkeiten, die vor dir liegen, anzunehmen, aufzubrechen und dein Glück zu suchen. Möglicherweise hast du bereits eine Vision, die nun umgesetzt werden kann. Dabei darfst du lernen, verstehen und wachsen. Alles ist möglich, du musst diesen Schritt nur gehen.

Shine your light: Erstell ein Visionboard für dich und deine Träume. Was möchtest du erreichen? Welche Dinge willst du in deinem Leben haben? Was ist dir ganz besonders wichtig? Wähl deine Themen frei und intuitiv. Tob dich kreativ aus, ganz egal ob du das Visionboard auf dem PC erstellst oder als Collage aufklebst. Hauptsache du bewahrst es am Ende an einem Ort auf, an dem du es auch nach einiger Zeit wiederfindest, um abzugleichen, was du schon erreicht hast und ob sich deine Wünsche verändert haben.

Affirmation:
Wenn ich meiner Leidenschaft folge, wird es sich auszahlen.

Drei der Münzen

Impulse: Gemeinsam ein Fundament errichten, voneinander lernen, Teamwork.

Bedeutung: Du musst nichts allein schaffen. Die »Drei der Münzen« ist die Karte des Erfolgs durch gemeinsame Arbeit. Zusammen mit anderen lassen sich Dinge viel einfacher erbauen und der Austausch ermöglicht dir zudem neues Wissen und neue Impulse für deinen Teil der Arbeit. Wie in einem Uhrwerk greift ihr als einzelne Zahnräder ineinander und ergänzt euch perfekt. Mit wem kannst du dich verbinden und Großartiges erschaffen?

Shine your light: Kennst du jemanden, der etwas Handwerkliches kann, für das du ihn schon immer bewundert hast? Vielleicht hat einer deiner Freunde Möbel aus Europaletten gebaut oder deine Tante bastelt Makramee-Schmuck? Frag diesen Menschen doch einmal, ob er Lust hat, ein Projekt mit dir zu planen und bei der Umsetzung dabei zu sein. Die meisten Menschen freuen sich unheimlich über so etwas und geben ihr Wissen gern weiter.

Affirmation:
Gemeinsam lässt sich Großes schaffen.

Drei der Kelche

Impulse: Zusammensein, gemeinsam feiern, Freunde, Community, Glück und Dankbarkeit.

Bedeutung: Wenn du mit deinen Freunden, deiner Familie oder deiner Community zusammenkommst, gibt es immer einen Grund zu feiern. Ganz egal wie viel Zeit zwischen euren Treffen liegt, es ist jedes Mal, als hättet ihr euch gestern das letzte Mal gesehen. Wenn es dir einmal nicht gut geht, sind es genau diese Freunde oder Familienmitglieder, die dir zeigen, wie schön das Leben ist und dass du, ganz egal was kommt, niemals allein bist. Sie werden dich immer unterstützen und für dich da sein. Eine Verbundenheit wie diese wird dich durch jegliche Lebenszyklen tragen und genau das darf zelebriert werden. Auf die Freundschaft!

Shine your light: Wann hast du das letzte Mal einen entspannten Abend mit deinen Freunden verbracht? Wie wäre es mit einem gemütlichen Essen, einem gemeinsamen Kinobesuch oder damit, mal wieder gemeinsam auszugehen? Trommel deine liebsten Menschen zusammen und los geht's!

Affirmation:
Ich umgebe mich mit Menschen, die mich lieben und unterstützen.

Drei der Schwerter

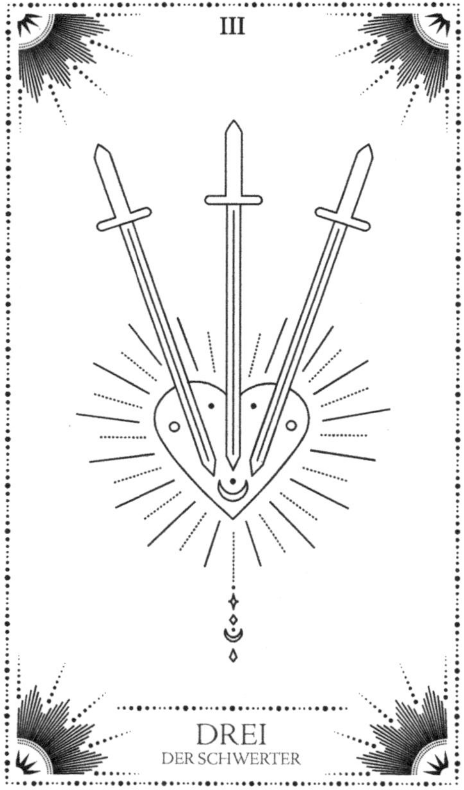

Impulse: Enttäuschung, seelischer Schmerz, Verletzung, Ernüchterung.

Bedeutung: Die »Drei der Schwerter« bezeichnet unseren seelischen Schmerz, dem wir uns zunächst nicht entziehen können. Wir haben gewisse Erfahrungen gemacht und die Enttäuschung oder die Verletzung sitzt tief. Möglicherweise musst du etwas loslassen, ob du willst oder nicht. Es tut weh. Es kann auch sein, dass du Entscheidungen gegen dein Herzensgefühl getroffen hast, die dich nun wieder einholen. Stehst du vor einer Entscheidung, mach dir noch einmal bewusst, was dein Herz wirklich möchte – denn genau dann triffst du für dich die richtige Wahl.

Shine your light: Schreib dir selbst einen Liebesbrief. Verzeih dir selbst. Jeder »Fehler«, den du im Leben gemacht hast, hat dich wachsen lassen. Ohne deine Fehler oder vermeintlich falschen Entscheidungen hättest du niemals so viel gelernt und stündest heute nicht an dem Punkt, an dem du gerade bist. Sich selbst zu verzeihen ist ein wichtiger Prozess beim Wachstum und bei der Entwicklung inneren Friedens.

Affirmation:
Ich fühle den Schmerz und weiß, dass er vergänglich ist.

Vier der Stäbe

Impulse: Harmonie, Einklang, Geborgenheit, Glück, Gemeinschaft.

Bedeutung: Die »Vier der Stäbe« macht uns deutlich, dass wir uns in einer liebevollen Gemeinschaft befinden. Wir fühlen uns geborgen, sind glücklich, können gemeinsam das Leben feiern, inspirieren uns gegenseitig und können uns aufeinander verlassen. Dieser Einklang mit einem Partner oder einer Gemeinschaft schenkt uns Geborgenheit und Harmonie. Die Karte kann auch dafür stehen, dass familiäre Höhepunkte wie beispielsweise eine Hochzeit oder Familiengründung anstehen.

Shine your light: Triff dich mit einer Person, bei der du diesen harmonischen Einklang spürst, und nimm sie einmal lange in den Arm. Umarmungen schenken uns genau diese Geborgenheit und machen dabei nicht nur dich glücklich, sondern auch die andere Person.

Affirmation:
Harmonie erfüllt mich.

Vier der Münzen

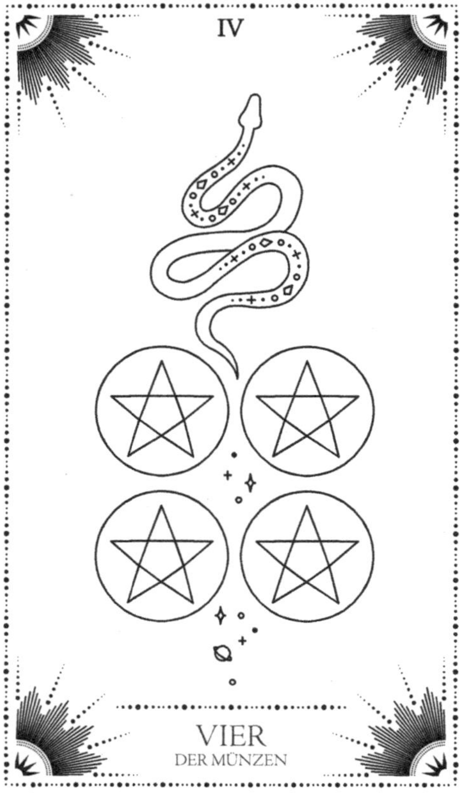

Impulse: Festhalten, Klammern, Angst vor Sicherheitsverlust, die Kontrolle behalten.

Bedeutung: Die »Vier der Münzen« deutet auf Verlustängste hin. Man sieht sich in seiner Sicherheit gefährdet. Verlässliche Umstände, ein solides Umfeld und ein gewisser Status sind wichtig. Möglicherweise definieren wir uns auch über Materielles. Wir haben Angst vor Veränderung, Kontrollverlust oder der Idee, zu wenig zu haben. Deshalb klammern wir uns an Dingen fest, was sehr viel Energie verbraucht und uns an anderer Stelle limitiert. Mach dir bewusst, dass es nicht möglich ist, etwas Neues zu empfangen, wenn du dich an etwas Altem festklammerst. Du hast schlichtweg keine Hand mehr frei.

Shine your light: Wenn du das nächste Mal im Supermarkt bist, kauf eine Dose Tierfutter und leg sie nach deinem Einkauf in die dafür vorgesehenen Behälter des örtlichen Tierheims. Eine tolle Alternative dazu ist, wenn du einen Obdachlosen fragst, ob du ihm ein Brötchen oder einen Kaffee vom Bäcker mitbringen darfst. Das zaubert nicht nur dir ein Lächeln ins Gesicht.

Affirmation:
Geld darf fließen.

Vier der Kelche

Impulse: Selbstmitleid, Ablehnung, Langeweile, Innehalten, man schlägt gute Angebote aus.

Bedeutung: Während sich auf der Karte hier eine Person im Lotossitz zeigt, die den Moment der Stagnation dafür nutzt, um sich einmal zu erden und mit sich selbst zu verbinden, zeigt sich in Waite-Smith angelehnten Decks oft ein anderes Bild: Da scheint es nämlich oft, als könne man uns gerade so gar nichts recht machen. Sie wirkt, als würde sie von besseren Zeiten träumen und ist noch nicht bereit, aktiv etwas dafür zu tun. Doch man muss die Chancen auch annehmen, wenn sie sich einem bieten. Raus aus der inneren Opferhaltung, raus aus der Passivität! Lange genug innegehalten – richte dich neu aus und los geht's!

Shine your light: Welche Möglichkeit könntest du gerade nicht ausschlagen, würde sie sich dir bieten? Ein leckeres Abendessen bei deinem Lieblingsitaliener? Anstatt auf eine Einladung zu warten, frag du doch einmal, ob dich jemand begleiten möchte. Alle schon verplant? Kein Problem, ein Abend allein kann auch sehr erholsam sein …

Affirmation:
An jeder Ecke warten neue Möglichkeiten, ich muss sie nur ergreifen.

Vier der Schwerter

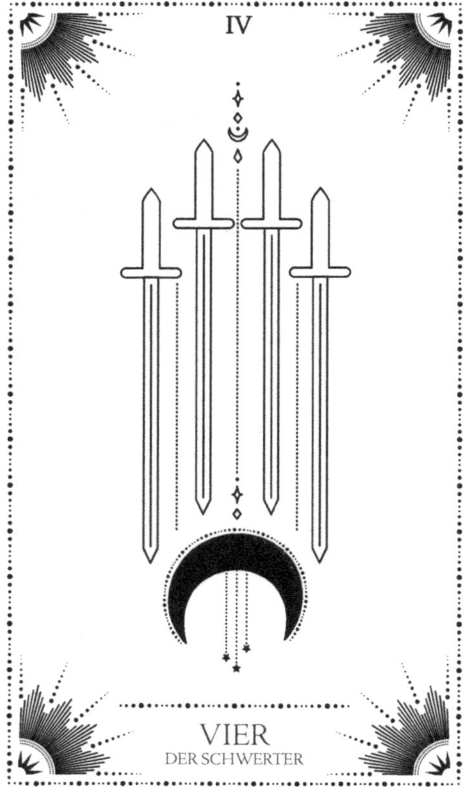

Impulse: Ruhe, Stille, Rückzug, sich eine Auszeit nehmen, Erholung.

Bedeutung: Nun ist eines ganz wichtig, eine Pause. Ständig sind wir in Bewegung, hetzen von einem Termin zum nächsten, auf Arbeitsstress folgt Freizeitstress … Es ist an der Zeit, einen Gang zurückzuschalten. Um regenerieren zu können und einem Burnout vorzubeugen, sollte nun reagiert werden. Schalt deinen Verstand aus, lass deine Herausforderungen des Alltags für einen Moment los und verweile im Augenblick. So bekommst du wieder einen klaren Kopf und kannst die Dinge mit neuer Energie angehen.

Shine your light: Womit kommst du vom Kopf in den Körper? Hilft es dir, deinen Körper fließen zu lassen, wenn du tanzt? Dann schalte deine Lieblingsmusik an und lass dich von der Musik tragen. Beweg dich so, wie es sich für dich gut anfühlt, ganz egal wie du dabei auch aussehen magst …

Affirmation:
Durch Ruhe erlange ich Klarheit und innere Stärke.

Fünf der Stäbe

Impulse: Konflikt, Herausforderungen, Auseinandersetzungen, Konkurrenz

Bedeutung: Hast du das Gefühl, dich gerade durchsetzen zu müssen? Vielleicht fühlt es sich für dich so an, als müsstest du deine Werte und Ansichten gegenüber anderen verteidigen. Hierbei ist es ganz wichtig, dass du dich nicht klein machst. Gerade wenn es um Dinge geht, die dir wichtig sind, darfst du für dich einstehen. Sei dir aber darüber bewusst, dass dein Umfeld meist das Beste für dich möchte, und es deshalb vielleicht gar nicht nötig ist, auf Konfrontationskurs zu gehen.

Shine your light: Solltest du wieder in eine Situation kommen, in der du das Gefühl hast, dich rechtfertigen zu müssen, atme einmal tief durch und kommuniziere klar deine Werte und Grenzen. Direkt und offen zu kommunizieren ist in einer solchen Situation Gold wert.

Affirmation:
Ich stehe für mich und meine Überzeugungen ein, ganz egal wie mein Umfeld darauf reagiert.

Fünf der Münzen

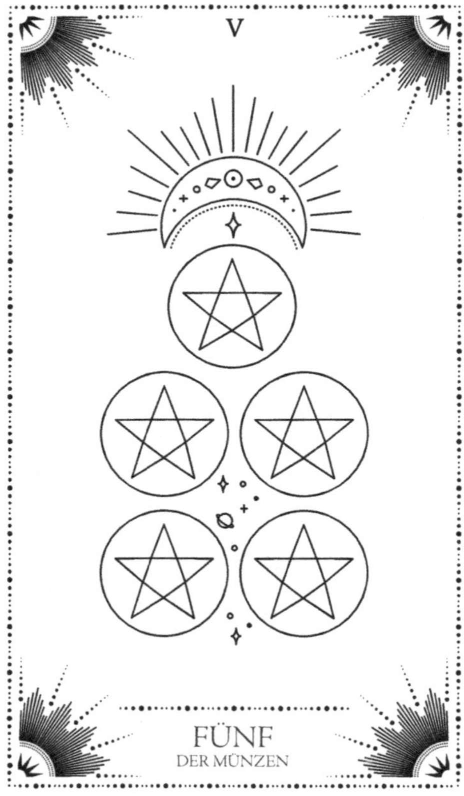

Impulse: Mangelbewusstsein, Krise, unsichere Zeiten, geringes Selbstwertgefühl.

Bedeutung: Wie steht es um dein Sicherheitsgefühl? Möglicherweise gehst du gerade durch eine Krise und hast das Gefühl, einem (finanziellen) Mangel ausgesetzt zu sein. Du fühlst dich unsicher und hast Angst, jederzeit den Boden unter den Füßen zu verlieren. In einer solchen Situation im Vertrauen zu bleiben kann sehr herausfordernd sein, dennoch weist diese Karte darauf hin, dass die ersehnte Veränderung bereits vor dir liegt, auch wenn du womöglich noch ein wenig durchhalten musst.

Shine your light: Wie würdest du dich fühlen, wenn du in kompletter Sicherheit und ohne Ängste wärst? Was müsste sich dafür gerade ändern? Was kannst du tun, um dein inneres Sicherheitsgefühl zu stärken? Schnapp dir dein Journal und schreib los. Fünf Minuten nur für dich, in denen du einfach alles aufschreibst, was dir zu diesen Fragen einfällt. Wo Schatten ist, da ist auch Licht. Dieses lassen wir nun ein bisschen heller strahlen.

Affirmation:
Ich bin sicher.

Fünf der Kelche

Impulse: Trauer, Verlust, vorhandene Chancen nicht erkennen, Fokus auf das Verlorene oder Vergangene anstatt auf die Möglichkeiten.

Bedeutung: Worauf liegt dein Fokus? Auf dem Vergangenen, das vielleicht nicht so eingetreten ist, wie du es dir erhofft hast? Oder blickst du auf die Möglichkeiten, die sich dir noch bieten, wenn du nur genau hinsiehst? Manchmal fällt es uns ganz besonders schwer loszulassen, gerade wenn es darum geht, dass etwas nicht so geschehen ist, wie wir es uns gewünscht haben. Doch anstatt deine Energie auf das zu richten, was du nicht mehr ändern kannst, bietet sich nun die Möglichkeit, deine Perspektive zu wechseln und dich deinen Chancen zu widmen. Vielleicht gerade noch (hinter einer Wolke) versteckt, aber da gibt es bestimmt etwas, das nur darauf wartet, geboren zu werden.

Shine your light: Zeit für eine Bestandsaufnahme. Was bereitet dir Schwere und Kummer? Gibt es vielleicht sogar etwas, das du aus dieser Situation mitnehmen kannst? Gibt es eventuell Lebensbereiche, die gerade besonders gut laufen, oder Chancen, die du bisher noch nicht ergriffen hast? Wirf deine Ängste über Bord und stürz dich in Dinge, die dir guttun.

Affirmation:
Ich lasse los und öffne mich meinen Möglichkeiten.

Fünf der Schwerter

Impulse: Niederlage, Scheitern, rücksichtsloses Verhalten, Machtkampf.

Bedeutung: Gewinnen um jeden Preis? Sollte es hierbei um einen Kampf deinerseits gehen, ist es sinnvoll, noch einmal in die Reflektion zu gehen. Welche deiner Werte müsstest du über Bord werfen, um vorwärtszukommen? Ist es dir das wert? Bleibst du dir selbst treu oder fühlst du dich dabei nicht so, wie du es dir wünschen würdest? Vielleicht ist es aber auch so, dass du das Gefühl hast, dass dir unrecht getan wurde. Dass du, möglicherweise durch unfaire Mittel oder ungerechte Verhaltensweisen anderer, eine Niederlage erfahren musstest. Auch in diesem Fall ist es sinnvoll, einen Schritt zurückzutreten und die Situation noch einmal zu hinterfragen. Was möchte dir diese Erfahrung sagen? Warum hat diese Person so gehandelt? Was waren ihre Beweggründe? Wie hättest du dich an ihrer Situation verhalten? Je mehr Klarheit und Verständnis du schaffst, umso liebevoller kannst du damit umgehen.

Shine your light: Wie möchtest du mit anderen umgehen und was wünscht du dir, wie andere mit dir umgehen? Offene Kommunikation auf Augenhöhe ist sehr wichtig. Anstatt dich innerlich über Dinge zu ärgern oder wegen etwas traurig zu sein, sprich mit den Beteiligten darüber, sodass ihr in Zukunft möglicherweise eine andere Ebene der Kommunikation und Wertschätzung finden könnt.

Affirmation:
Ich lebe und erlebe Fairness.

Sechs der Stäbe

Impulse: Erfolg, Anerkennung, Wertschätzung, Ansehen, die Mühen haben sich gelohnt.

Bedeutung: Zeig dich! Solltest du dich bisher kleingemacht und zurückgehalten haben, sollte nun Schluss damit sein. Du darfst dich zeigen – mit all deinen Facetten, Stärken und Visionen. Du hast schon so viel erreicht auf das du stolz sein kannst. Erinnere dich an deine Erfolge und feiere dich dafür. Nimm die Anerkennung anderer an und geh erhobenen Hauptes voran. Die Welt braucht dich.

Shine your light: Betrachte dein Leben im Zeitraffer. Was hast du die letzten Wochen/Monate/Jahre erreicht? Wo bist du kreativ geworden? Was macht dich glücklich und stolz? Schreib alles auf, was dir dazu einfällt. Mach dich dabei frei von Wertungen der Gesellschaft. Dich überwunden zu haben, im Berufsverkehr Auto zu fahren, ist genauso viel wert wie der Abschluss eines Studiums.

Affirmation:
Ich zeige mich.

Sechs der Münzen

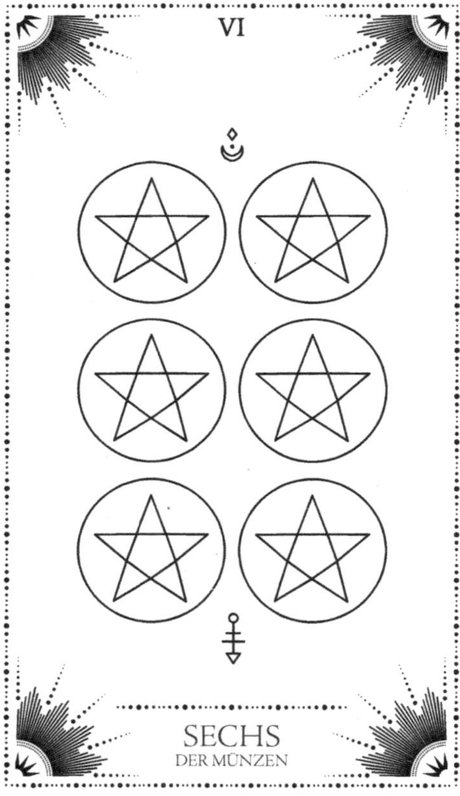

Impulse: Ausgewogenheit, Geben und Nehmen, Großzügigkeit.

Bedeutung: Bei der »Sechs der Münzen« steht ein ausgewogenes Handeln im Vordergrund. Deshalb hinterfrage dich einmal, ob es in deinem Alltag ein Gleichgewicht gibt, was Geben und Nehmen angeht? Dies betrifft nicht nur finanzielle Mittel, sondern auch die Energie. Wichtig ist, dass du eine mögliche Disbalance erkennst und handelst, um deine Gesundheit nicht zu gefährden. Es ist schön, wenn du viel zu geben hast, aber das funktioniert auch nur so lange, wie es sich für dich gesund und gut anfühlt.

Shine your light: Solltest du das Gefühl haben, in letzter Zeit mehr gegeben als genommen zu haben, nimm dir exklusiv Zeit für dich, um wieder aufzutanken. Sollte sich innerhalb der Familie, der Freundschaften, der Partnerschaft oder auf der Arbeit ein starkes Ungleichgewicht gebildet haben, sprich mit den Beteiligten darüber, wenn du Zusatzaufgaben oder Ähnliches künftig erst einmal nicht mehr übernehmen möchtest. Vergiss dabei nicht: »Nein« ist ein ganzer Satz und bedarf weder Erklärungen noch einer Rechtfertigung.

Affirmation:
Ich gebe und empfange in Balance.

Sechs der Kelche

Impulse: Nostalgie, Verbindung mit dem inneren Kind, kindliche Freude und Wünsche, Erinnerungen.

Bedeutung: Generell richten wir im Tarot gern den Blick auf die Zukunft und unsere Möglichkeiten. Die »Sechs der Kelche« ist allerdings eine Karte, die uns einen Blick auf die Vergangenheit ermöglicht. Wir dürfen uns mit unserem inneren Kind verbinden und uns die schönen Momente unserer Kindheit ins Gedächtnis rufen. Was würde dein inneres Kind zur momentanen Situation sagen? Wie würde es mit den Gegebenheiten umgehen? Hätte es vielleicht einen Ratschlag für dich oder braucht es Schutz? Was wünscht es sich von dir in diesem Moment? Vielleicht ist diese Karte aber auch ein Hinweis darauf, dass nun jemand in dein Leben kommt, den du noch von früher kennst, oder dass es sich lohnt, alte Freundschaften wiederaufleben zu lassen.

Shine your light: Was hat dir als Kind Freude bereitet? Eine Runde Federball im Garten? Ohne Zeitdruck ein Bild malen? Auf der Picknickdecke ein Buch lesen und Obst naschen? Hol dir ein Stück Kindheit zurück und mach, was dir guttut, ganz ohne Leistungsdruck. Ahoi, pure Freude!

Affirmation:
Ich begegne mir selbst mit kindlicher Freude und Leichtigkeit.

Sechs der Schwerter

Impulse: einen Übergang meistern, zu neuen Ufern aufbrechen, etwas hinter sich lassen, Neuanfänge.

Bedeutung: Zeit, zu neuen Ufern aufzubrechen. Dies kann einen realen Umzug betreffen oder ein Aufbrechen im übertragenen Sinne. Möglicherweise war die letzte Zeit herausfordernd für dich, deshalb ist es nun an der Zeit, in sanftere Gewässer zu wechseln. Dieser Übergang kann von starkem Wellengang gezeichnet sein, deshalb bleib ganz bei dir und achte auf ein positives Mindset. Auch wenn dir zu viele Gedanken die Sicht zu versperren scheinen, darfst du darauf vertrauen, dass du geführt wirst und dass du intuitiv das Richtige tust. Mit jedem Neuanfang lässt du etwas von dir zurück. Das ist kein einfacher Prozess, jedoch zeigt dir die »Sechs der Schwerter« deutlich, dass dieser Weg gerade notwendig ist.

Shine your light: Wie ist es um dein Mindset bestellt? Gehst du offen auf einen Neuanfang zu oder fällt es dir schwer, Dinge loszulassen? Stell dir vor, wie du dich verhalten würdest, wenn du in einem Boot auf dem Meer wärst und weit und breit kein Land in Sicht. Was würdest du dir sagen, was würde dir helfen? Vertraue darauf, dass am nächsten Tag die Sonne wieder aufgeht und ein Hafen in deine Nähe rückt. In dem Prozess hast du dich verändert – du hast die Situation gemeistert. Du bist stärker geworden.

Affirmation:
Ich vertraue dem Prozess.

Sieben der Stäbe

Impulse: Abwehr, den eigenen Standpunkt verteidigen, negative Einflüsse, Missgunst.

Bedeutung: Sich selbst oder den eigenen Standpunkt immer wieder verteidigen zu müssen, ist kräftezehrend. Möglicherweise bist du gerade in einer Situation, in der du dich immer wieder gegen das Außen durchsetzen musst, oder du befindest dich inmitten eines Konkurrenzkampfs. Auch wenn du dich mit Unsicherheiten herumschlägst, mach dir bewusst, dass du dich in einer guten Position befindest. Du bist einzigartig und vielleicht ist es gerade deshalb überhaupt nicht notwendig, »zu kämpfen«.

Shine your light: Was macht dich aus? Was sind deine Stärken? Warum bist du genau so gut, wie du bist? Nimm ein Foto von dir und kleb es in die Mitte eines Blattes Papier. Nun nimm dir Zeit, all deine positiven Eigenschaften und Werte daneben zu schreiben. Du wirst sehen, wie schnell der Platz eng wird.

Affirmation:
Ich bin einzigartig.

Sieben der Münzen

Impulse: Dinge brauchen Zeit; Geduld, Wachstumsprozess.

Bedeutung: Die Zeit vom Säen eines Samens bis zur Ernte kann eine gute Weile dauern. Dieser Wachstumsprozess kann uns frustrieren, gerade wenn wir kurz vor der Erfüllung des Traumes, kurz vor Erreichen des Zieles sind. Man kann die Früchte schon sehen, trotzdem brauchen sie noch eine gewisse Zeit, um zu reifen. Die »Sieben der Münzen« ermutigt uns, dass es sich lohnt, geduldig zu sein und diesen Traum weiterhin liebevoll zu pflegen. Es liegt schon eine beachtliche Reise hinter uns und die Ernte ist zum Greifen nah.

Shine your light: Was kannst du aktiv tun, um einem Traum ein Stück näherzukommen? Vielleicht gibt es einen »Dünger«, der dir dabei helfen kann? Was allerdings nichts hilft, ist Ungeduld. Um die Zeit des Wartens zu überbrücken, widme dich Dingen, die dir Freude bereiten. Vielleicht ist es Zeit für einen Tee oder ein Glas Wein und ein gutes Buch!

Affirmation:
Mit Geduld erfüllen sich meine Träume und Wünsche.

Sieben der Kelche

Impulse: Entscheidungen, Möglichkeiten, Illusion, Träume, Wunschdenken.

Bedeutung: Wie sieht es gerade in deinem Herzen aus? Hast du das Gefühl, gar nicht mehr zu wissen, was du fühlst? Was für dich nun wichtig ist, ist Klarheit. Vielleicht lohnt es sich, etwas tiefer in den Kelch hineinzuschauen. Lass dein Herz sprechen und stell deinen Verstand hinten an. Mach dir bewusst, dass es nicht schlimm ist, sich für den vermeintlich falschen Kelch zu entscheiden. Es stehen schließlich noch sechs weitere Kelche zur Auswahl.

Shine your light: Keine Lust, dich zu entscheiden? Gönn dir einen Brunch oder ein »All you can eat«-Büfett mit Freunden. Hier musst du nicht wählen, sondern kannst einfach queer Beet alles ausprobieren, was dich anlacht. Gar nicht so schwer, oder?

Affirmation:
Ich habe die Wahl.

Sieben der Schwerter

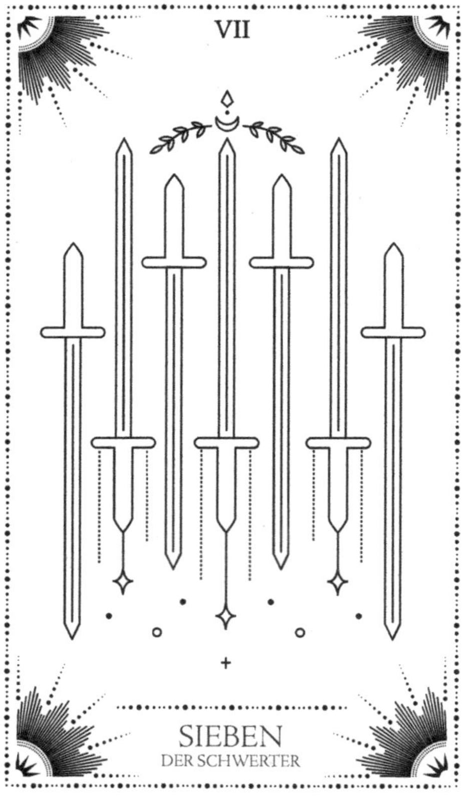

Impulse: Betrug, Unaufrichtigkeit, strategisches, aber unfaires Handeln, List.

Bedeutung: Die »Sieben der Schwerter« ist eine Karte, die uns zunächst auf einen Betrug oder eine Unaufrichtigkeit hinweist. Dies kann sich auf beiden Seiten äußern. Entweder du befindest dich gerade in einer Situation, in der dir Unrecht getan wird, oder aber du bist der Part, der dies tut. Deshalb ist es ganz wichtig, dich selbst zu hinterfragen. Bleibst du dir selbst und deinen Moralvorstellungen treu und ist es die Sache wert, eventuell nicht ganz fair zu handeln? Wie und wer willst du sein und was ist der richtige Weg, genau diese Person zu verkörpern?

Shine your light: Fairplay! Wo übt man dies am besten? Beim Teamsport. Wie wäre es mit einer Schnupperstunde (Beach-)Volleyball, Handball oder Fußball?

Affirmation:
Ich handle stets meinen Werten entsprechend.

Acht der Stäbe

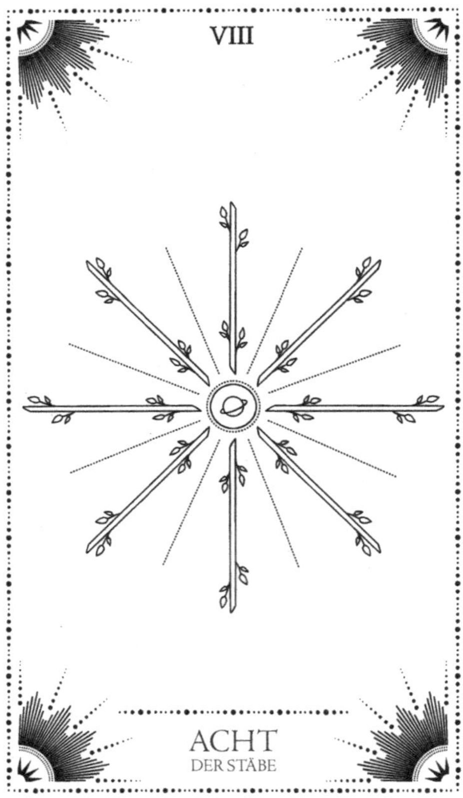

Impulse: Bewegung, erfreuliche Neuigkeiten oder Nachrichten erreichen dich, Schnelligkeit.

Bedeutung: Du wartest auf den sprichwörtlichen Wink des Schicksals? Hier ist er! Mit der »Acht der Stäbe« kommt alles in Bewegung. Es geht vorwärts, manchmal sogar ziemlich schnell. Solltest du auf eine Rückmeldung bezüglich einer neuen Wohnung warten, pack besser schon mal die Umzugskisten – es sieht gut aus! Auch wenn es darum geht, neue Dinge anzugehen, ist jetzt die richtige Zeit dafür. Also, worauf wartest du noch? Just do it!

Shine your light: Du kannst gerade nicht stillsitzen? Dann ist etwas Action angesagt. Wildwasser-Rafting, Fallschirmsprung oder ein Dinner in schwindelerregender Höhe? Was steht auf deiner *Bucket List*? Trau dich und probier es aus.

Affirmation:
Ich ziehe Gutes an!

Acht der Münzen

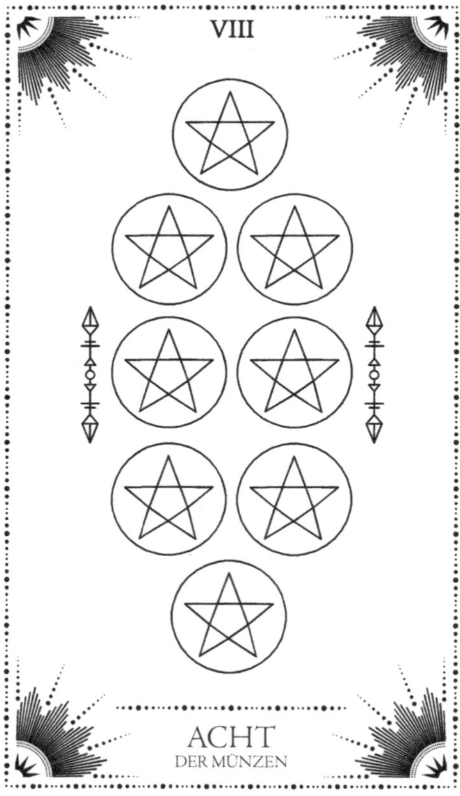

Impulse: in seiner Arbeit aufgehen, Fortschritte machen, Üben & Lernen, sich etwas Beständiges aufbauen.

Bedeutung: Der erste Schritt ist getan. Du weißt, wo du hinwillst. (Solltest du dir unsicher sein, spür genau jetzt einmal tief in dich hinein, ohne groß nachzudenken, und folge deinem ersten Impuls.) Nun geht es daran, einen Schritt weiterzugehen. Du möchtest etwas Beständiges aufbauen und bist bereit, dafür auch etwas zu leisten. Es geht um stetige Fortschritte, Übung, aber auch Wachstum. Denn du tust es nicht für andere, sondern nur für dich selbst. Wichtig ist, dir keinen zusätzlichen Druck zu machen. Etwas zu kreieren, benötigt Zeit. Meisterin oder Meister in etwas zu werden benötigt Zeit. Sich etwas aufzubauen benötigt Zeit. Doch am Ende wirst du damit belohnt, etwas erschaffen zu haben, das dich erfüllt.

Shine your light: Finde deinen Flow! Ob du dich nun bei einem kreativen Mal- oder Töpferkurs, beim Backen oder beim Stricken ausprobierst, ganz egal. Hier liegt der Fokus ganz klar darauf, dich so richtig in eine Aufgabe zu vertiefen, ohne weiter darüber nachzudenken.

Affirmation:
Ich (er-)lebe meine Kreativität.

Acht der Kelche

Impulse: eigene und neue Wege gehen, etwas Geliebtes zurücklassen, losgehen, um das Fehlende im Leben zu finden.

Bedeutung: Die »Acht der Kelche« ist keine einfache Karte, aber dennoch eine, deren Thema uns allen einmal begegnet. Du bist an einen Punkt gekommen, an dem du dich fragst: »War's das etwa schon?« Es ist dieser Moment, in dem du aufzählst, was du alles hast, wie gut es dir geht, aber dennoch beschleicht dich das Gefühl, dass ein wichtiges Puzzleteil zu fehlen scheint. Auch wenn es schwerfällt und etwas zurückgelassen werden muss, das du lieb gewonnen hast (sei es ein Job, eine Wohnung, ein Projekt ...), ist es nun an der Zeit loszugehen. Dieser Schritt erfordert oft viel Mut und passiert nicht von heute auf morgen. Nimm dir deine Zeit, aber bleib im Vertrauen – das Universum steht hinter dir und begleitet dich auf deiner Reise.

Shine your light: Was musst du hinter dir lassen, um dich entfalten zu können oder neue Wege einzuschlagen? Was brauchst du, um diesen Schritt zu wagen? Verschaff dir einen Überblick über deine Ängste, die dir möglicherweise im Weg stehen, und formuliere diese um. Aus: »Ich finde nie mehr einen so gut bezahlten Job wie diesen« wird: »Ich finde einen Job, der mich erfüllt.«

Affirmation:
Ich gehe meinen Weg.

Acht der Schwerter

Impulse: Selbstlimitierung, sich aus negativen Gedankenmustern befreien, Opferhaltung.

Bedeutung: Worauf liegt der Fokus deiner Gedanken? Liegt er auf der Negativspirale in deinem Kopf und du siehst den Wald vor lauter Bäumen (Schwertern) nicht mehr? Alles beginnt in dir und mit dem richtigen Mindset. Du hast die Kraft und die Möglichkeit, dich selbst aus deinen limitierenden Gedankenmustern zu befreien. Hierbei ist es allerdings nicht damit getan, sich alles bestmöglich schön zu malen. Der erste Schritt ist nun, dich deinen Gedanken zu stellen. Warum denkst du diese Gedanken (immer und immer wieder)? Wozu dienen sie dir? Schützen sie dich auf eine Art und Weise vor anderen, tiefer liegenden Ängsten? Um deinen Kopf wirklich freizumachen und dich aus dieser Starre zu lösen, solltest du die Gedanken reflektieren, damit du sie loslassen kannst.

Shine your light: Wenn dir eine Situation nicht gefällt, dann beweg dich. Du bist kein Baum. Die gleichen Gedanken immer wieder zu denken, bringt keine Veränderung. Oft hilft es, sie aus deinem System zu lösen, indem du sie aussprichst, beispielsweise als Sprachnachricht oder Audiodatei an dich selbst. Oder du schreibst einfach einmal alles auf, was dir zu deinen Ängsten oder negativen Gedanken einfällt.

Affirmation:
Ich bin mehr als meine Gedanken.

Neun der Stäbe

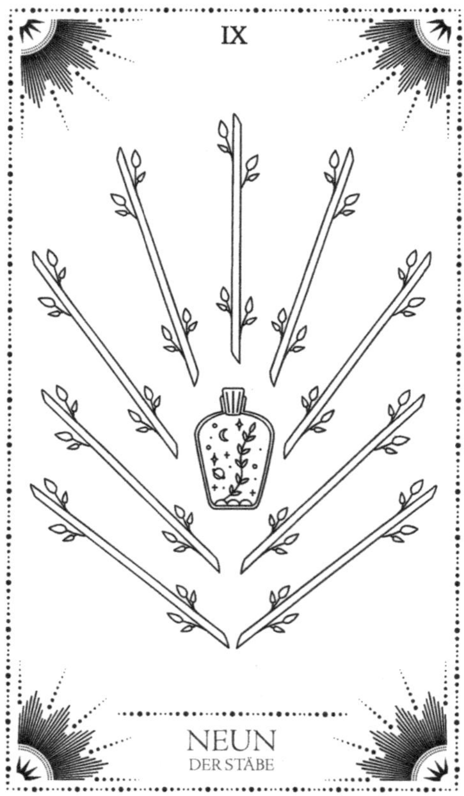

Impulse: Blockaden durch alte Wunden, Regeneration, Wunsch nach Fülle.

Bedeutung: Die »Neun der Stäbe« konfrontiert uns oft mit Blockaden aus der Vergangenheit. Verletzungen, die uns früher zugefügt wurden, haben Einfluss auf unser Handeln in der Gegenwart. Anstatt kreativ zu werden und einen Schritt in Richtung Fülle zu gehen, verweilen wir aus Angst auf wenig oder unfruchtbarem Boden, obwohl dies gar nicht nötig wäre. Die früheren Verletzungen haben uns zu dem Menschen gemacht, der wir heute sind, aber sie definieren uns nicht. Wir sind daran gewachsen und sollten wir uns noch immer schwer damit tun, ist es okay, Hilfe in Anspruch zu nehmen.

Shine your light: Was brauchst du gerade, um zu heilen? Wie kannst du dir selbst mehr Liebe und Aufmerksamkeit schenken? Vielleicht hilft es, deiner Verletzung einen kreativen Raum zu geben, um dich von ihr zu lösen. Wie wäre es, ein Mandala zu gestalten und es dann auszumalen oder, sollte dir dies keine Freude machen oder zu aufwendig sein, intuitiv drauflos zu malen und zu schauen, was sich zeigen möchte?

Affirmation:
Ich bin mehr als meine Verletzungen.

Neun der Münzen

Impulse: Fülle, (materieller) Wohlstand, Sicherheit und Unabhängigkeit, ernten, was erarbeitet wurde.

Bedeutung: Die Reise der Münzen war bisher mit Beständigkeit, Sicherheit, Arbeit, Lernen, aber auch Geduld verbunden. Nun sind wir in einem Stadium angekommen, in dem es darum geht, sich am bereits Erreichten zu erfreuen. Wir genießen die Fülle und werden reich beschenkt. Denn wir dürfen das ernten, was wir die letzte Zeit über hart erarbeitet haben. Zudem steht die »Neun der Münzen« für einen guten Augenblick, in diese Fülle zu kommen.

Shine your light: Gönn dir einen Tag in Fülle. Genieße ohne schlechtes Gewissen und gönn dir etwas, was du sonst vielleicht nicht tun würdest. Vier Kugeln Eis anstatt einer? Yes! Lass das Eis auf deiner Zunge schmelzen und genieß es mit allen Sinnen.

Affirmation:
Ich erlaube mir Fülle.

Neun der Kelche

Impulse: Erfüllung, Zufriedenheit, in der inneren Mitte sein, emotionale Fülle und Überfluss.

Bedeutung: Zeit des Glücks. Möglicherweise tritt nun etwas ein, das wir uns schon lange gewünscht haben, oder aber es hat sich bereits erfüllt. Nun dürfen wir einfach einmal stolz sein und genießen. Zufriedenheit zu leben und nicht direkt nach dem nächsten »Erfolg« zu streben, ist manchmal gar nicht so leicht, da wir uns gern kleiner machen, als wir sind. Deshalb rät uns diese Karte auch, im Moment zu sein und die Erfüllung wirklich auszukosten. Während die »Neun der Münzen« materielle Fülle widerspiegelt, steht die »Neun der Kelche« für die emotionale Fülle.

Shine your light: Frag deine(n) Lieblingsmenschen, was sein oder ihr schönstes Erlebnis mit dir war, und erlebe diese Erinnerungen in Dankbarkeit und Glück nochmal.

Affirmation:
Glück und Zufriedenheit stehen mir zu.

Neun der Schwerter

Impulse: Sorgen, Stress, zu viele Gedanken, zu viel Kopfkino, Angst, Verzweiflung.

Bedeutung: Die »Neun der Schwerter« konfrontiert uns mit unseren Ängsten und Sorgen. Womöglich denken wir viel zu viel nach, verheddern uns in diversen Gedankenspiralen und wachen nachts schweißgebadet auf, weil uns ein Alptraum geweckt hat. Diese Karte weist uns darauf hin, uns wieder einmal darüber bewusst zu werden, wie mächtig Gedanken sind. Verletzende Gedanken können Stress und Ängste erzeugen, wo diese überhaupt nicht nötig wären, da sie nicht unsere Realität widerspiegeln. Anstatt uns Worst-Case-Szenarien auszumalen, sollten wir uns lieber den Dingen widmen, die wir verändern können, um das Bestmögliche für unser Thema zu erreichen.

Shine your light: Starte deinen Morgen mit einem liebevollen Gedanken an dich selbst und sprich ihn laut vor dem Spiegel aus. Mit einem Lächeln nimmst du diesen Gedanken an und trägst ihn mit in den Tag.

Affirmation:
Ich lenke meine Gedanken auf das Gute.

Zehn der Stäbe

Impulse: Überlastung, Überforderung, sich zu viel aufbürden, Verantwortung abgeben, mangelnde Perspektive.

Bedeutung: Uff! Nun haben wir aber wirklich das Gefühl, dass uns alles zu viel wird. Es fühlt sich schwer an, möglicherweise unlösbar und wir wissen überhaupt nicht mehr, wie wir das alles händeln sollen. Jetzt ist es ganz wichtig, dass wir eine Bestandsaufnahme machen. Möglicherweise haben wir sogar Verantwortung für Dinge übernommen, die gar nicht zu uns gehören. Diese dürfen wir nun gern zurückgeben, wenn es sich richtig anfühlt. Es ist schön, andere Menschen zu unterstützen und zu helfen, aber nur, wenn wir uns dabei nicht selbst vergessen.

Shine your light: Zeit, deinen Rucksack etwas zu erleichtern! Verschaff dir einen Überblick über deine aktuellen To-dos. Wo hast du dich in etwas verrannt? Welche Aufgaben haben eine hohe Priorität, welche sind unwichtiger oder lassen sich eventuell sogar delegieren?

Affirmation:
Ich darf Verantwortung abgeben.

Zehn der Münzen

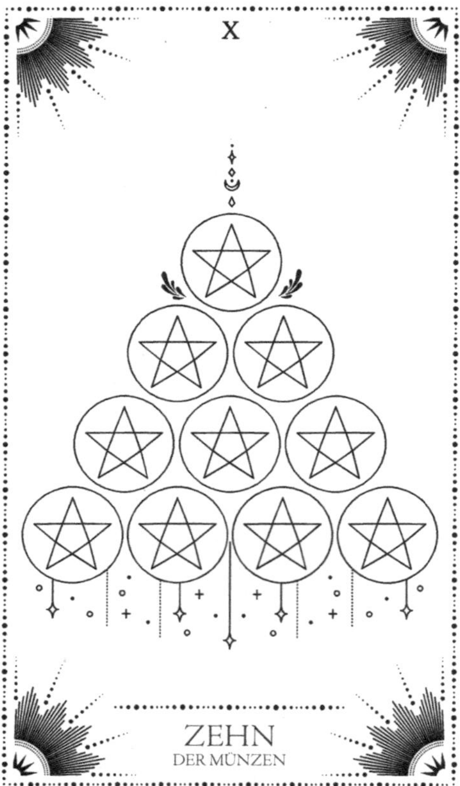

Impulse: finanzielle Sicherheit, Familie, Zuhause, Ankommen, Ziele erreichen, Zukunftspläne schmieden.

Bedeutung: Während die »Neun der Münzen« das Ernten der lang erarbeiteten Früchte beschreibt, sind wir bei der »Zehn der Münzen« bereits im Wohlstand angekommen. Dinge haben sich etabliert und gefestigt. Wir erleben Sicherheit und Beständigkeit im Kreise der Familie, unseres Zuhauses. Doch auch dieser Wohlstand darf gewahrt werden und wir sollten nicht vergessen, welche Reise hinter uns liegt. Vorsicht vor unbedachten Investitionen. Auch wenn diese Karte Sicherheit verspricht, sollte nicht leichtsinnig gehandelt werden.

Shine your light: Wie wäre es, mal wieder die ganze Familie oder die Freunde zusammenzubringen? Vielleicht hast du Lust, sie zu bekochen, einen Kuchen zu backen oder sie zum Essen einzuladen. Deinen Möglichkeiten entsprechend kannst du einen wunderschönen, gemeinsamen Tag planen.

Affirmation:
Ich bin sicher.

Zehn der Kelche

Impulse: emotionale Sicherheit, Happy End, Harmonie, Verbundenheit, Heirat, Familienleben.

Bedeutung: Die »Zehn der Kelche« spricht von echten Gefühlen und wahrer Erfüllung. Wir sind ganz im Einklang mit uns selbst, unseren Liebsten und dem Universum. Wir leben unser persönliches Happy End und sind umgeben von Liebe und Geborgenheit. Würde eine Karte dem Ende eines klassischen Hollywood-Liebesfilms entsprechen, wäre es die »Zehn der Kelche« – nur, dass sie hier der Realität entspricht. Lass dich nicht verunsichern. Keine Liebe ist perfekt, kein Leben ist perfekt – du darfst dein unperfekt perfektes Happy End leben, jeden Tag aufs Neue.

Shine your light: Konzentrier dich auf all das Gute in deinem Alltag und lass alle Dinge einmal beiseite, die dich manchmal nerven. Wo lebst du schon dein persönliches Happy End? Hast du einen Job, der dich erfüllt? Hast du viel Freizeit, die du mit Dingen verbringen darfst, die dir Freude machen? Hast du eine wundervolle Familie? Verbring einen Tag voller Happy Ends und gib den genervten Gedanken heute weniger Raum. Du hast die U-Bahn verpasst? Wunderbar, fünf Minuten mehr Zeit, um in deinem Buch zu lesen.

Affirmation:
Ich lebe mein Happy End.

Zehn der Schwerter

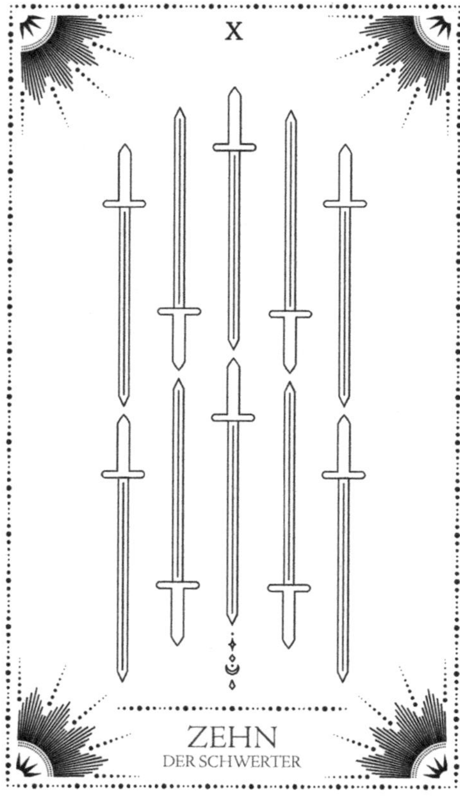

Impulse: Abruptes Ende, Aufgeben, einen Schlussstrich ziehen, sich erschlagen fühlen, tiefer Schmerz oder Verlust.

Bedeutung: Zugegeben, die »Zehn der Schwerter« ist keine leichte Karte und beschreibt keine Phase, die mit einem »wird schon wieder« abgetan werden könnte. Hier geht es um Schmerz. Schmerz, der womöglich sehr tief steckt und den es nun zu bearbeiten gilt. Womöglich fühlen wir uns gerade niedergedrückt, erschlagen, kaum dazu in der Lage, auch nur daran zu denken, dass dieser Zustand irgendwann wieder anders werden könnte. Aber das wird er. Doch das benötigt Zeit und Heilung. In vielen Decks (wie auch Waite-Smith) findet sich auf dieser Karte am Horizont eine aufgehende Sonne, die uns Licht und Zuversicht schenken soll. Auch wenn wir es gerade noch nicht sehen, wird die Sonne wieder aufgehen. Selbst tiefe Wunden können heilen, wenn wir den Mut haben, den nächsten Schritt zu gehen.

Shine your light: Was benötigst du, um zu heilen? Was schenkt dir Zuversicht und Vertrauen? Schnapp dir deinen Wecker und dein Journal und setze dich für den nächsten Sonnenaufgang an dein Fenster, auf den Balkon oder an einen Ort, der dir Ruhe schenkt, und schreib einfach mal drauflos. Alles darf fließen, alles darf sich zeigen …

Affirmation:
Jeder Tag ist ein kleiner Neuanfang für mich.

Die Hofkarten

Wo immer du bist, sei ganz dort.

ECKHART TOLLE

Die Hofkarten nehmen im Tarot eine ganz besondere Position ein und stellen gerade zu Beginn für die meisten eine Herausforderung dar. Ich möchte dir ein wenig die Angst vor ihnen nehmen. Vereinfacht ausgedrückt weisen die Hofkarten entweder auf deine eigenen Persönlichkeitsanteile hin, auf andere beteiligte Personen oder darauf, wie dich andere Menschen sehen. Wofür sie im jeweiligen Kontext stehen, zeigt sich meist durch umliegende Karten, deine Intuition oder das Gespräch mit einem Gegenüber. Sie werden unterteilt in Page, Ritter, Königin und König (in anderen Decks wie beispielsweise Crowley auch: Prinzessin, Ritter, Königin, König – oder Ähnliches). Das biologische Geschlecht spielt bei der Interpretation allerdings keine Rolle. Auch hier geht es primär darum, die jeweiligen Energien hinter den Karten zu verstehen.

Es kann also sehr gut sein, dass Oma Erna in einer Legung als »König der Schwerter« dargestellt wird, wenn sie einen festen Plan für dich im Kopf hat und dir immer wieder dazwischenfunkt. Ein Gefühl für die Hofkarten entwickelt sich beim Üben und je besser du die Person kennst, für die du legst, desto leichter wirst du dich tun, diese Karten zuzuordnen.

Die Hofkarten können auch eine Entwicklungsstufe oder den jeweiligen Reifegrad einer Person darstellen – vom Pagen, der noch in den Kinderschuhen steckt und gerade erst den Entschluss fasst, loszugehen, bis hin zum König, der eine spürbare Reife erlangt hat. Wie bereits erwähnt können zudem mehrere Hofkarten in einer Legung auf einen starken Einfluss von außen hindeuten.

Die Pagen

Die Pagen sind kleine Glücksbringer, da sie meist für eine neue Chance stehen. Ganz ähnlich wie die Asse symbolisieren sie einen Anfang, der jedoch oftmals mit einer gewissen Unsicherheit einhergeht. Diese darf überwunden werden, denn sie sind zudem neugierig und voller Vorfreude auf das, was vor ihnen liegt.

Die Ritter

Mit dem Pagen haben wir den ersten Impuls bekommen, aus dem womöglich ein Plan entstanden ist. Mit dem Ritter folgt der nächste Schritt, denn der Impuls darf nun umgesetzt werden.

Die Königinnen

Nach den voranschreitenden Rittern, die eine neue Ära und einen gewissen Fortschritt eingeleitet haben, kommen wir nun in eine ruhigere und sanfte Energie. Dabei geht es nicht mehr länger um Wachstum, sondern um Integration des Gelernten, verbunden mit Achtsamkeit.

Die Könige

Der König ist thematisch gesehen das männliche Pendant zur Königin. In seiner männlichen Energie ist er eine führende Autoritätsperson, die mit Expertise ihrem jeweiligen Element entsprechend besticht.

Page der Stäbe

Impulse: Planung der eigenen Vision, für etwas brennen, innere Kraft, Lust auf Neues.
Charaktereigenschaften: mutig, risikobereit, energetisch.

Bedeutung: Der »Page der Stäbe« strotzt nur so vor Energie. Er wird von seiner inneren Kraft angetrieben und hat Lust auf Neues. Wenn es um seine Leidenschaft geht, ist er risikobereit, denn wenn er für etwas brennt, gibt es kein Halten mehr und er möchte am liebsten sofort in die Umsetzung gehen. Deshalb gilt auch hier: Anfangsenergie nutzen und sich erst einmal einen guten Überblick verschaffen. Für mich stehen die Stäbe auch immer für die eigene Selbstständigkeit oder ein Hobby, das immer mehr ein »Business« wird. Mit dem »Pagen der Stäbe« werden wir bestärkt, uns etwas zu trauen und gegebenenfalls ins kalte Wasser zu springen.

Shine your light: Wofür brennst du? Mach dir eine Liste, such dir eine deiner Antworten aus und tue jetzt eine Klitzekleinigkeit, die damit zu tun hat.

Affirmation:
Ich folge meiner Leidenschaft.

Page der Münzen

Impulse: eine neue finanzielle oder berufliche Chance, Manifestation, eine Bereicherung.
Charaktereigenschaften: beständig, sicherheitsliebend, fleißig.

Bedeutung: Mit dem »Pagen der Münzen« stehen die Möglichkeiten gut, etwas Beständiges zu erschaffen. Dies kann alles umfassen, was in die Bereiche Wohlstand, Sicherheit, Job sowie Körper und Gesundheit fällt – von der Beförderung, einem Jobwechsel, einem Umzug bis hin zum Hausbau. All diese Dinge dürften nun auf dem Plan stehen oder angegangen werden. Dabei ist zu beachten, dass der »Page der Münzen« stets auf Bestand und Langfristigkeit setzt. Es geht ihm nicht um schnelles Wachstum, sondern um stetige Weiterentwicklung und (finanzielle) Sicherheit. Nun dürfen die eigenen Pläne konkreter werden und die Kraft der Manifestation genutzt werden. Der »Page der Münzen« geht langsam los und überstürzt nichts.

Shine your light: Fang an, einen konkreten Plan zu machen. Bebildere deinen Plan, um ihn für dich noch greifbarer zu machen. Was ist der erste Schritt?

Affirmation:
Ich gehe los für meine Träume.

Page der Kelche

Impulse: Folge deiner Intuition, kreative Möglichkeiten, Liebesbote (Heiratsantrag, neue Liebe).
Charaktereigenschaften: verträumt, liebevoll, intuitiv.

Bedeutung: Meine Lieblingskarte! Im klassischen Waite-Smith-Deck wird dieser Page mit einem Kelch abgebildet, aus dem ihn ein Fisch ansieht – ich liebe dieses Bild. Es soll uns daran erinnern, uns mit unserer inneren Stimme zu verbinden und stets nach ihr zu handeln. Wir dürfen fließen (genau wie der Fisch), uns treiben lassen und im Vertrauen bleiben. Der »Page der Kelche« steht zudem dafür, neue kreative Projekte anzugehen, für die unser Herz schlägt. Er ist dabei vielleicht etwas unbeholfen, weil er am Anfang der Reise steht und noch nicht so sicher im Umgang mit seiner inneren Stimme ist. Aber er ist dabei, seinen eigenen Weg zu gehen, sich selbst zu vertrauen und für sich einzustehen.
Bonus: Manchmal steht diese Karte auch für etwas Neues im Hinblick auf die Liebe, dies kann zum Beispiel ein Heiratsantrag oder eine neue Liebe sein.

Shine your light: Wann hast du zuletzt ein Gedicht geschrieben? Trau dich und leg los. Dabei ist nicht wichtig, ob es sich reimt oder ob es am Ende nach Goethe klingt. Lass es einfach fließen und notier dir, was kommt. Und vielleicht magst du es deinem Herzensmenschen schenken.

Affirmation:
Ich vertraue mir selbst.

Page der Schwerter

Impulse: neues Wissen, Informationen, geistige Klarheit (durch Kommunikation), Aufbruchstimmung.
Charaktereigenschaften: wissbegierig, zielorientiert, kommunikativ.

Bedeutung: Der »Page der Schwerter« symbolisiert wie die anderen Pagen eine neue Möglichkeit, in diesem Fall auf der geistigen Ebene. Dies kann neues Wissen im Bereich von Ausbildungen, Kursen oder Workshops sein. Es kann aber auch bedeuten, dass ein geistiger Durchbruch bei bestehenden Projekten ansteht. Möglicherweise hattest du schon länger das Gefühl, dass dir Klarheit in bestimmten Dingen fehlt. Mit dem »Pagen der Schwerter« kann dieser Knoten endlich platzen und es darf weitergehen. Was diesem Pagen immer hilft, ist die Kommunikation. Oftmals lösen sich Blockaden schon im Dialog.

Shine your light: Gibt es etwas, das du schon immer einmal lernen wolltest? Schau einmal, was YouTube oder andere Plattformen diesbezüglich für dich bereithalten. Wichtig dabei ist, dass du es erst einmal aus purer Freude für dich tust, ohne zu wissen, ob sich daraus mehr ergibt. Du wolltest schon einmal Schwedisch lernen, obwohl es dafür eigentlich keine Verwendung gibt, außer beim nächsten Ikea-Besuch perfekt gesprochen Köttbullar (Aussprache: *schöttbullar*) zu bestellen? Let's go! Tu es für dich.

Affirmation:
Ich folge meiner Neugier.

Ritter der Stäbe

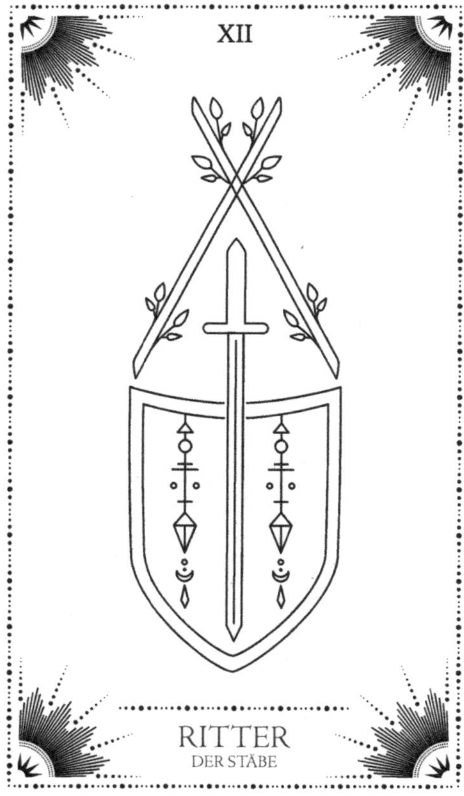

Impulse: neue Abenteuer, seiner Leidenschaft folgen, neue Projekte angehen, Fortbewegung (Umzug, Reise).
Charaktereigenschaften: willensstark, energetisch, leidenschaftlich.

Bedeutung: Follow your fire! Folge deiner Leidenschaft! Du hast auf den Anstupser gewartet, um endlich für deine Leidenschaft loszugehen? Hier ist er. Der »Ritter der Stäbe« fackelt nicht lange, er reitet los. Manchmal vielleicht ein wenig zu hastig und übereilt, deshalb mein Tipp: Nutze die Power und die Freude, die du gerade am Prozess hast, vergiss aber nicht, dass nicht alles sofort passieren kann oder muss. Mit dem »Ritter der Stäbe« hast du alle Voraussetzungen, um dein Projekt voranzubringen, aber lass dich nicht aus der Ruhe bringen und verfall nicht in Hektik. Da der »Ritter der Stäbe« für jegliche Art der Fortbewegung steht, könnte er auch ein Hinweis auf eine kommende Reise oder einen Wohnortwechsel sein.

Shine your light: Lust, ein bisschen Energie loszuwerden? Wie wäre es mit Joggen oder einem Cardio-Workout? Raus in den Park oder rauf auf die Matte! Nicht nur dein Körper wird es dir danken. Das anschließende Glücksgefühl beflügelt dich sicherlich auch für die Umsetzung deiner Projekte. Volle Power voraus! Kannst du dir Zeit freiräumen, in der du all deine Energie nur dort hinein geben kannst?

Affirmation:
Ich folge meinem inneren Feuer.

Ritter der Münzen

Impulse: positive Veränderung, Start einer beruflichen oder finanziellen Reise.
Charaktereigenschaften: effizient, ehrlich, bodenständig.

Bedeutung: Der »Ritter der Münzen« begibt sich auf eine Reise, die von Beständigkeit geprägt ist. Er hat einen soliden Plan, dem er folgt, um sich eine gewisse Sicherheit zu erschaffen. Dabei geht er stets strukturiert, organisiert und bodenständig vor. Er neigt nicht zu vorschnellen Entscheidungen, sondern wägt alles ab, bevor er sich für einen Weg entscheidet. Auf diese Weise schafft er ein Wachstum, das möglicherweise langsam, aber von langfristigem Erfolg gekrönt ist. Deshalb sind hier Durchhaltevermögen und Vertrauen gefragt.

Shine your light: Kennst du schon die Money-Magic-Kiste? Ab jetzt kannst du jeden Fünf-Euro-Schein (oder genauso gut alle Ein- oder Zwei-Euro-Münzen), den du als Wechselgeld zurückbekommst, in einer Kiste oder schönen Schatulle sammeln. Wenn du einen gewissen Betrag zusammenhast (beispielsweise 500 Euro), kannst du dir etwas Schönes gönnen oder einen Teil des Geldes spenden – was auch immer dein Herz erfüllt. Klingt ein wenig banal, macht aber unheimlich Spaß.

Affirmation:
Ich bin sicher und erschaffe im Vertrauen.

Ritter der Kelche

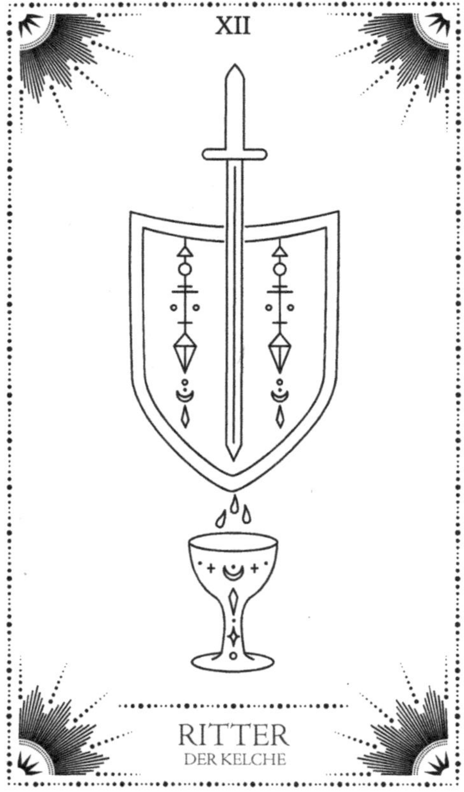

Impulse: tiefe Gefühle, Treue, Verbundenheit, eine Botschaft des Herzens.
Charaktereigenschaften: charmant, gefühlvoll, idealistisch.

Bedeutung: Mit dem »Ritter der Kelche« beginnt eine neue Reise auf der Gefühlsebene. Dabei folgen wir ganz unserer Intuition und gehen los für unsere Vision. Anders als beim »Ritter der Münzen« ist diese Vision nicht unbedingt an etwas Berufliches geknüpft, sondern bezieht sich mehr auf unsere Werte und das, was unser Herz mit Liebe erfüllt. Dies kann sich in zwischenmenschlichen Beziehungen wie Partnerschaften oder Freundschaften widerspiegeln, die mit dieser Karte auf eine neue Ebene gehoben werden oder besondere Beachtung finden. Es kann sich aber auch um ein karitatives oder andere Projekte dieser Art handeln, die etwas für die Gemeinschaft tun, und denen du dich nun widmen darfst.

Shine your light: Lust, etwas Neues auszuprobieren? Wie wäre es mit einer Vegan-Erfahrung? Zunächst kannst du mit einem veganen Tag im Monat starten oder einem in der Woche – ganz wie es sich für dich gut anfühlt. Damit tust du der Umwelt, den Tieren und deinem Körper etwas Gutes.

Affirmation:
Alles, was ich tue, geschieht aus Liebe.

Ritter der Schwerter

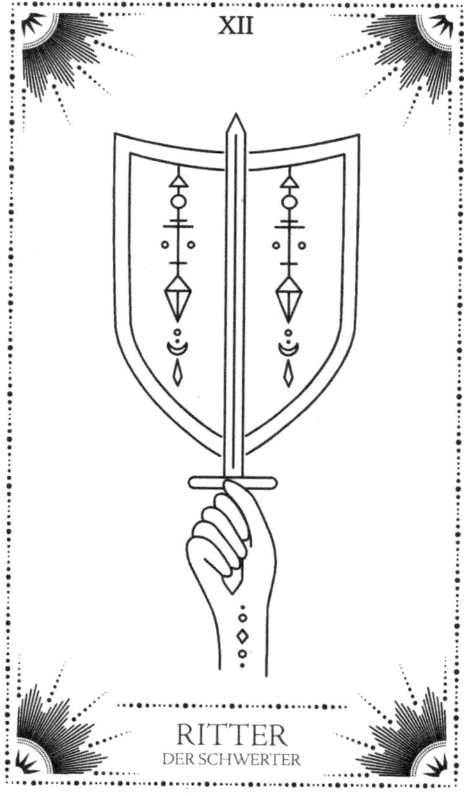

Impulse: volle Kraft voraus, möglicherweise etwas vorschnell, »Kopf durch die Wand«-Mentalität.
Charaktereigenschaften: engagiert, willensstark, ungeduldig.

Bedeutung: Der »Ritter der Schwerter« hat einen Plan und verfolgt ihn konsequent. Er steht für sich und seine Wünsche ein. Klarheit zu erlangen ist dabei sein oberstes Gebot. Da er jeden Schritt bis aufs Äußerste durchdacht hat und sein Ziel unbedingt erreichen will, kann es ihm oft nicht schnell genug gehen. Deshalb ist Vorsicht geboten, dass du nicht in eine »Mit dem Kopf durch die Wand«-Mentalität verfällst und alles auf Biegen und Brechen umsetzen willst. Gerade hier ist es wichtig zu reflektieren und immer wieder einen Moment innezuhalten, um bei all der Motivation und Willensstärke niemandem auf die Füße zu treten. Auch den einmal erstellten Plan immer wieder zu überdenken und sich nach Alternativen umzuschauen, sollte er sich nicht wie gewünscht umsetzen lassen, ist beim »Ritter der Schwerter« von großer Bedeutung.

Shine your light: Hast du heute schon bei dir eingecheckt oder bist du direkt in den »Macher-Modus« gestartet? Vergiss dich selbst nicht über deinen Plänen und mach dir immer wieder bewusst, was du gerade brauchst. Manchmal vielleicht auch einfach eine kleine Kaffee- oder Teepause.

Affirmation:
Ich habe einen starken Willen.

Königin der Stäbe

Impulse: Selbstbestimmtheit, Schöpfung, Kreativität.
Charaktereigenschaften: leidenschaftlich, selbstbewusst, entschlossen.

Bedeutung: Die »Königin der Stäbe« repräsentiert eine Frau, die komplett mit sich im Reinen ist. Sie ist ihrer Leidenschaft gefolgt, dabei gewachsen und kennt ihren Wert. Dennoch ist sie kein bisschen überheblich oder arrogant, sondern liebevoll und warmherzig. Sie ist eine Person, die oft Bewunderung erfährt und andere dabei unterstützen kann, ebenfalls den eigenen Wert zu erkennen und in die Kraft zu kommen. Sie weiß genau, was sie will und wie sie es bekommt. Sie ist kreativ und inspirierend.

Shine your light: Gib deiner Kreativität Raum! Hast du die Möglichkeit, ein paar Stunden völlig ungestört in eine Tätigkeit oder ein Projekt zu versinken, das dein Herz zum Leuchten bringt? Schalt dein Handy auf Flugmodus und genieße den Flow, die magische Kraft des Erschaffens.

Affirmation:
Ich bin eine Inspiration für andere.

Königin der Münzen

Impulse: Fülle, Work-Life-Balance, Mütterlichkeit, Bodenständigkeit.
Charaktereigenschaften: fürsorglich, zuverlässig, wohlwollend.

Bedeutung: Die »Königin der Münzen« repräsentiert Fülle, Beständigkeit, Reife und Erfolg. Darüber hinaus lebt sie im Einklang mit der Natur (getreu dem Element Erde) und steht für Fruchtbarkeit und Mütterlichkeit. Sie ist der Inbegriff einer guten Work-Life-Balance, denn sie schafft es, sowohl den beruflichen Erfolg, als auch das Leben in ihrer Weiblichkeit (gegebenenfalls auch in der Mutterrolle) optimal zu vereinen. Dabei hat sie ein sehr gutes Zeitmanagement, in dem sie sich selbst ebenfalls nicht vergisst. Sie ist eine liebevolle Freundin, Partnerin, Seelenverwandte, die ihren Liebsten jederzeit mit Rat und Tat zur Seite steht.

Shine your light: Bist du dir selbst eine ebenso liebevolle Freundin wie anderen? Wie kannst du dir selbst noch mehr Liebe und Fürsorge schenken? Kreiere einen Raum für Geborgenheit, Sinnlichkeit und Fülle – genau so wie du es jetzt brauchst.

Affirmation:
Ich erlaube mir ein Leben in Balance.

Königin der Kelche

Impulse: emotionale Stabilität, Großzügigkeit, ausgeprägte kreative Fähigkeiten, Vertrauen und Heilung.
Charaktereigenschaften: intuitiv, emotional, sanft.

Bedeutung: Die »Königin der Kelche« verkörpert emotionale Heilung und Stabilität. Sie steht ebenfalls für Mütterlichkeit, in diesem Fall mit dem Fokus der bedingungslosen Liebe, Fürsorge und Hingabe. Sie ist eine Frau, die ihre Gefühle kennt, wahrnimmt und auslebt. Sie weiß, wie wichtig es ist, dass alle Gefühle den nötigen Raum bekommen und auch gelebt werden. Allein diese Erkenntnis verhilft ihr zu emotionaler Sicherheit und Ausgeglichenheit. Sie hat ein großes Herz und ist stets bemüht, ihr Umfeld emotional zu unterstützen und für andere da zu sein. Als Königin der Emotionen steht sie mitunter auch für unsere Herzenswünsche. Sie ist sich ihrer Wünsche bewusst und lebt diese sehr bewusst aus. Mit dieser Karte darfst du noch einmal in die Reflektion kommen, was deine eigenen Wünsche betrifft und ob du sie schon bewusst verfolgst und lebst.

Shine your light: Hast du schon einmal von Floating gehört? Dafür besteigt man spezielle Becken mit einer Magnesium-Sole, in denen man sich wie schwerelos treiben lassen kann. Probier es doch mal aus, lass dich treiben und genieße den Moment in Stille. Lass die Gedanken fließen und nimm alle Emotionen wahr, die hochkommen. Sie dürfen ihren Raum haben. Sollte es diese Möglichkeit in deiner Stadt nicht geben, versuche doch einmal, dich im Schwimmbad (oder im Meer) ein paar Minuten ruhig auf dem Rücken treiben zu lassen oder ganz einfach: Entspanne mit Musik in deiner Badewanne.

Affirmation:
Ich fließe mit dem Fluss des Lebens.

Königin der Schwerter

Impulse: Klarheit und Stärke, hilfreiches Mindset, vermittelt Wissen, gute Ratschläge.
Charaktereigenschaften: klug, ehrlich, sachlich.

Bedeutung: Als Schwertkönigin hat sie schon einige schwierige Phasen in ihrem Leben durchlebt und gemeistert. Doch sie hat das richtige Mindset und nun auch die nötige Klarheit. Durch ihre Erfahrungen konnte sie ihre Gedanken ins Gleichgewicht bringen und auf diese Art Heilung erfahren. Im Waite-Smith-Deck zeigt sie sich erhaben, die Wolkendecke über ihr hat sich gelichtet und ihr Kopf befindet sich unter blauem Himmel (ganz anders als Page und Ritter, die unter einem dichten Wolkenhimmel dargestellt werden). Sie weiß um ihren Wert und ihre Entwicklung. Ihre Ratschläge sind klug, überlegt und ehrlich. Sie spricht Dinge offen aus und kann deshalb oft kühl wirken. Daher scheinen auch ihre Tipps manchmal pragmatisch und weniger emotional oder tröstlich. Dennoch ist es ihr wichtig, Veränderung zu bewirken und durch ihr Sein dazu beizutragen, dass andere ebenfalls ihre Unabhängigkeit, Klarheit und Stärke (zurück-)gewinnen können.

Shine your light: Welchen Ratschlag könntest du dir gerade geben, um dein Thema zu heilen? Wie kannst du ihn liebevoll integrieren?

Affirmation:
Meine Gedanken sind klar und frei.

König der Stäbe

Impulse: Unternehmertum, Leader, inspiriert mit seinen Visionen, Lebensenergie.
Charaktereigenschaften: leidenschaftlich, souverän, visionär.

Bedeutung: Der »König der Stäbe« ist der ultimative Unternehmer im Tarot. Er hat seine Leidenschaft zum Beruf gemacht und verkörpert damit alles, was sich viele wünschen. Er ist stets seiner Vision gefolgt, ganz egal was andere dazu gesagt haben, denn er weiß, was er kann, was er will, und hat keine Angst vor Rückschlägen. Er ist ein Teamplayer und ein Leader, der nicht nur den Ton angibt, sondern selbst mit anpackt. Er steht für andere ein und es ist ihm wichtig, dass niemand auf der Strecke bleibt. Mit seiner selbstbewussten und lebensbejahenden Art, mit der er fast alles spielend zu schaffen scheint, inspiriert er viele Menschen. Doch Vorsicht: Sollte etwas zu viel Feuer im Spiel sein, kann es auch mal hitzig werden. Denn neben seiner vielen positiven Eigenschaften kann der »König der Stäbe« auch ziemlich dominant sein oder eine zu hohe Erwartungshaltung gegenüber anderen an den Tag legen.

Shine your light: Erkenne deinen Wert. Welche positiven Charaktereigenschaften machen dich aus? Was hast du bereits erlebt, von dem andere profitieren könnten? Stell dich vor den Spiegel und halte einen kleinen TED-Talk zu einem Thema deiner Wahl. Sei dabei stets positiv, steh aufrecht und lächle. Beobachte, was dies in dir auslöst, und schreib es in dein Journal.

Affirmation:
Ich lebe und verbreite meine Vision.

König der Münzen

Impulse: Wohlstand, Sicherheit und Verwurzelung, Beständigkeit, Vaterfigur.
Charaktereigenschaften: zuverlässig, gutmütig, realistisch.

Bedeutung: Im Fokus des »Königs der Münzen« stehen zunächst Wohlstand, Sicherheit und Genuss. Mit seiner ehrlichen und harten Arbeit hat er sich etwas erschaffen und diesen Wohlstand genießt er nun in vollen Zügen. Er hat all das erreicht, was er sich vorgenommen hat, und findet nun Freude an einem sinnlichen Leben in Fülle und Unabhängigkeit. Dennoch bleibt er stets bodenständig. Als Pendant zur »Königin der Münzen« sehen wir in ihm eine zuverlässige Vaterfigur. Er schenkt Sicherheit und pflegt einen hervorragenden Umgang mit Finanzen.

Shine your light: Zaubere dir ein leckeres, nährendes Essen. Nutze dafür saisonale und gesunde Zutaten und probier dich an neuen Gewürzen. Iss dein Essen ganz bewusst und schmecke die einzelnen Zutaten heraus. Schenk dir einen Moment der Fülle und genieß dein selbst zubereitetes Mahl in vollen Zügen.

Affirmation:
Ich genieße.

König der Kelche

Impulse: emotionales Gleichgewicht, Fels in der Brandung, guter Ratschlag in seelischen Belangen, gibt anderen Halt.
Charaktereigenschaften: gefühlsbetont, hilfsbereit, liebevoll.

Bedeutung: Auch der »König der Kelche« durfte Heilung erfahren und befindet sich nun in einer gewissen seelischen Stärke und emotionalen Balance. Wie die anderen Könige und Königinnen fungiert auch er als Mentor, hat dabei oft einen guten Rat in seelischen Fragen, gibt anderen Halt, ist liebevoll und hilfsbereit. Durch seine Sanftheit und Verbindlichkeit stellt er für andere oft einen Fels in der Brandung dar. Er ist emotional intelligent, hat eine gute Anbindung an seine Intuition und ist stets darauf bedacht, die Wichtigkeit der inneren Stimme auch seinem Gegenüber zu vermitteln. Generell ist er eine sensible, aber gut geerdete Person, die Gefühle zulässt und deren Wichtigkeit anerkennt. Er führt in emotionaler Stärke, setzt aber dennoch liebevolle Grenzen, um sich selbst zu schützen, wenn es nötig ist.

Shine your light: Wie klingt eigentlich Wasser? Füll ein paar Gläser mit jeweils einer anderen Menge Wasser, befeuchte einen Finger und streich damit über den Rand der Gläser. Wie klingt es für dich? Welcher Ton berührt dich besonders? Vielleicht hast du ja auch Lust, dich ein wenig auszuprobieren und eine kleine Melodie zu komponieren.

Affirmation:
Ich erkenne meine Gefühle an.

König der Schwerter

Impulse: Mentale Stärke, Wissen & Intelligenz, Klartext.
Charaktereigenschaften: klug, rational, kühl.

Bedeutung: Als Gegenstück zur »Königin der Schwerter« verfügt auch der König über mentale Stärke, einen klaren Verstand und tiefes Verständnis für verschiedenste Themen. Er ist wortgewandt, interessiert und lässt andere gern an seinem Wissen partizipieren. Dennoch wahrt er meist eine gesunde Distanz zu seinem Gegenüber. Zudem ist er eher rational und besitzt eine ausgeprägte mentale Stärke, weshalb er von anderen oft als kühl oder kopfbetont wahrgenommen wird. Trotz all der Kühle und Distanz hat er einen ausgeprägten Sinn für Gerechtigkeit, den er gegenüber anderen in jedem Fall verteidigen würde. Er ist ein hervorragender Mentor in allen Fragen rund um Wissen, Kommunikation und das richtige Mindset. Denn genau mit diesem hat er es geschafft, sich das zu kreieren, was er heute erfolgreich lebt.

Shine your light: Werde dir über deine Expertise bewusst. Wo kannst du der Mentor für jemanden sein? Kannst du mit deinem Wissen dazu beitragen, andere ein Stück weiterzubringen?

Affirmation:
Ich nutze meine Stimme, um die Welt zu verändern.

Die Große Arkana deuten

Es gibt überall Blumen für den, der sie sehen will.
Henri Matisse

Im Tarot begleiten wir den Narr auf seiner Reise durch die Große Arkana, seinem ganz persönlichen Lebensweg. Auf diesem Weg macht er all jene Erfahrungen, die auch wir in ähnlicher Weise durchlaufen. Er lernt seine Eltern kennen, erfährt Herausforderungen und Leid, schöpft aber auch Hoffnung. Er befreit sich aus alten Gedankenmustern und muss erfahren, dass man auch mal die Perspektive wechseln muss, um eine Entscheidung treffen zu können. Doch worauf kann sich der Narr immer verlassen? Genau, auf seine Intuition. In der klassischen Tarotkarte des Waite-Smith-Decks ist diese Intuition als kleiner Hund verbildlicht, der stets an der Seite des Narren ist. So wird er im rechten Moment bellen, sollte der Narr dem Abgrund zu nah kommen. Doch er wird ihn niemals zu etwas drängen. Denn all unsere Erfahrungen sind wichtig und dürfen erlebt werden.

Die Große Arkana zeigt unsere Lebensthemen, daher wiegen die Karten der Großen Arkana auch noch mal schwerer als die Kleine Arkana und bekommen in einem Reading entsprechend mehr Raum und Beachtung. Es ist oft so, dass uns zu bestimmten Themen immer wieder dieselben Karten der Großen Arkana begleiten, weil es sich oftmals um längerfristige Prozesse handelt. Wie ich dir bereits in den vorherigen Kapiteln gezeigt habe, gibt es keine rein positiven oder negativen Tarotkarten. Wie wir selbst birgt jede

Karte einen Licht- und einen Schattenanteil. Gerade in der Großen Arkana ist es wertvoll, diese Anteile genauer zu beleuchten und sich nicht nur auf eine Seite zu stützen. Um ein genaueres Bild zu bekommen, welche Energie der Karte gerade vorherrscht, hilft es, die umliegenden Karten des Legemusters miteinzubeziehen. Nichtsdestotrotz ist es dein erster Impuls, der dir den wichtigsten Hinweis liefert, was dir die Karte genau jetzt, in diesem Moment sagen möchte. Auch wenn ich schon einige Jahre die Karten lege, verändert sich auch für mich ihre Bedeutung nach wie vor. Je nach Legung nehme ich andere Details einer Karte wahr, die mir einen entscheidenden Hinweis auf die jeweilige Deutung geben. Deshalb solltest du dir für jede Legung ausreichend Zeit nehmen, auch wenn du »deine Bedeutung« der Karten bereits gefunden hast. Hier liegt der wahre Zauber, der dich dazu befähigt, in jeder Karte deine eigenen Botschaften zu erkennen und deine Interpretation stetig zu erweitern. Die folgenden Texte geben dir Hinweise darauf, wie die Große Arkana aus meiner Sicht, aber auch typischerweise gedeutet wird.

0 – Der Narr

Licht: Neuanfang, Leichtigkeit, Vertrauen, Neugier.
Schatten: Naivität, unüberlegtes Handeln.

Bedeutung: Voller Vertrauen und Vorfreude beginnen wir eine neue Reise. Mit der Sonne im Rücken und einem offenen Herzen wenden wir uns unseren Möglichkeiten zu. Mit der Null startet »der Narr« die Große Arkana und steht somit für unsere Geburt und die Reinheit unserer Seele, lange bevor wir gesellschaftlich geprägt wurden. Mit dieser Unbefangenheit und Leichtigkeit, die wir in diesem Zustand verspürt haben, dürfen wir nun vorwärtsgehen – mit unserer Intuition als treuem Begleiter. Diese Karte unterstreicht, nicht ganz naiv an Dinge heranzugehen, sondern sich stets auf die innere Stimme zu verlassen. Auch wenn der Weg von Höhen und Tiefen geprägt sein wird, lohnt es sich, ihn zu gehen. Denn unser Leben ist ein stetiges Lernen. Erfahrungen machen uns reicher und helfen unserer Seele zu wachsen.

Shine your light: Trau dich, etwas mehr Leichtigkeit in dein Leben einzuladen. Mach etwas, mit dem du dich sonst vielleicht etwas unwohl fühlst, weil es »kindisch« oder schlichtweg »unpassend« wäre. Es fängt an zu regnen. Was spricht dagegen, ein wenig durch die Pfützen zu hopsen? Ja, wahrscheinlich wird der ein oder andere Passant etwas komisch schauen, vielleicht wird dafür aber ein Kind mit dir in die Pfütze springen. Öffne dein Herz und trau dich, du zu sein!

Affirmation:
Ich vertraue dem Zauber des Anfangs.

I – Der Magier

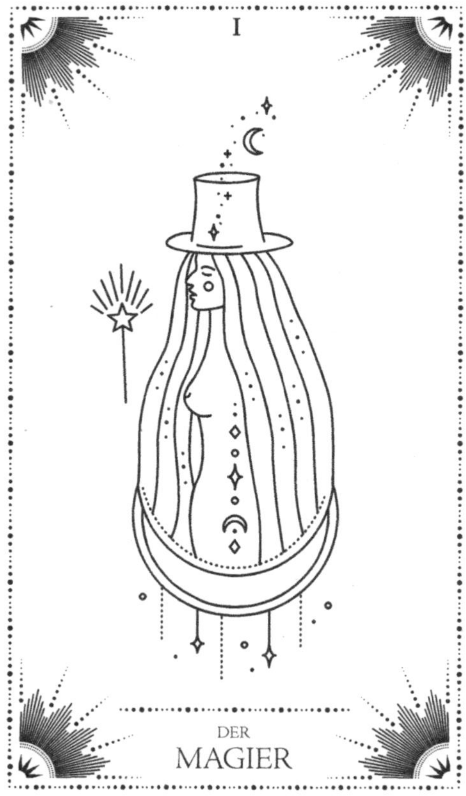

Licht: alle Ressourcen nutzen, Kreativität, Schöpfer(in) deines Lebens, Manifestation.

Schatten: Stärken werden nicht gesehen oder nicht gelebt, zu viele Möglichkeiten, Selbstüberschätzung.

Bedeutung: »Der Magier«, eine wahrhaft magische Karte. Sie darf uns an all unsere Stärken erinnern. In vielen Tarot-Decks wird »der Magier« ganz klassisch mit allen vier Elementen (Stab, Münze, Kelch und Schwert) dargestellt, was noch einmal verdeutlicht, dass alles bereits in uns liegt. Wir sind die Schöpferinnen und Schöpfer unseres Lebens und haben es in der Hand. Dabei unterstützen uns unser Geist (Schwerter), unsere Emotionen (Kelche), unsere Willenskraft (Stäbe), aber auch unsere Erdung (Münzen). »Der Magier« ermutigt uns dazu, nicht direkt aufzugeben, wenn etwas womöglich beim ersten Mal nicht klappt. Magie entsteht nicht durch Perfektion, sondern durch Kreativität und Ausprobieren. Zudem zeigt er uns, dass wir verbunden sind, sowohl mit der Erde, als auch mit dem Universum – und genau darin liegt unsere einzigartige Schöpferkraft.

Shine your light: Wo fühlst du dich ganz verbunden und was darfst du heute Magisches in die Welt bringen? Welche Ressourcen bringst du dazu mit? Geh (d)einen nächsten Schritt. Egal wie groß oder klein er sein mag …

Affirmation:
Ich bin verbunden mit allem, was ist.

II – Die Hohepriesterin

Licht: innere Weisheit und Intuition, Vertrauen, Unterbewusstsein.
Schatten: gestörtes Urvertrauen, Geheimnisse und Verborgenes.

Bedeutung: Anders als beim »Magier« geht es bei der »Hohepriesterin« nicht um das Erschaffen von etwas, sondern um das Empfangen. Dies kann uns manchmal ganz schön Geduld kosten, doch auch hier werden wir ermutigt zu vertrauen. Im Waite-Smith-Deck wird »die Hohepriesterin« mit einem Mond zu ihren Füßen sowie einer Mondkrone dargestellt, die die verschiedenen Mondphasen zeigt. Sie stehen in Bezug zu den zyklischen Prozessen unseres Lebens. Deshalb gilt es hier noch mal, unserer inneren Stimme Gehör zu verschaffen und ihr zu vertrauen. Wir alle tragen eine gewisse Weisheit in uns, die uns nun dazu anhält, ganz bei uns zu bleiben. Alles hat seine Zeit und wir dürfen in Zuversicht verbunden bleiben.

Shine your light: Was möchte dir deine innere Stimme sagen? Für welchen Bereich möchte sie dir gerade einen kleinen Vertrauens-Push senden? Tritt mit deiner inneren Stimme in Kontakt und schreib einen Brief aus der Sicht der Hohepriesterin an dich selbst. Fünf Minuten, ohne den Stift abzusetzen. Lass dich überraschen, was sie für dich bereithält.

Affirmation:
Ich trage alle Weisheit in mir.

III – Die Herrscherin

Licht: Weiblichkeit, Fruchtbarkeit, Fülle, Lebendigkeit.
Schatten: Aufopferung, Überfluss.

Bedeutung: »Die Herrscherin« steht für den Inbegriff weiblicher, natürlicher Kraft. Sie ist mit sich selbst und der Natur stark verbunden. Sie kennt ihre inneren Werte, steht für sich selbst ein und kreiert aus der Fülle heraus. Mit ihr darf alles fließen, gedeihen, wachsen und Früchte tragen. Allerdings nur, wenn du diesen Dingen Liebe schenkst und fürsorglich mit ihnen umgehst. »Die Herrscherin« hat es gern bequem und empfängt (das weibliche Prinzip), deshalb wird sie in vielen Kartendecks mit üppigen Kissen und einem durchaus bequemen Thron dargestellt. Sie ist komplett im Vertrauen und weiß, dass die Dinge zu ihr kommen, wenn die Zeit dafür reif ist. Zudem kann diese Karte ein Hinweis auf eine mögliche Schwangerschaft sein.

Shine your light: Handy aus und raus in die Natur! Verbinde dich mit all dem Schönen dieser Erde. Schon einmal einen Baum umarmt? Atme den Duft der Rinde ein oder streich über ihre raue Oberfläche. Lass dabei die Gedanken ziehen und sei ganz im Moment.

Affirmation:
Ich bin Fülle.

IV – Der Herrscher

Licht: solides Fundament, Stabilität, Struktur, Erfolg.
Schatten: mangelnde Flexibilität, Strenge.

Bedeutung: In den meisten Decks sitzt »der Herrscher« auf einem steinernen Thron, der nicht sonderlich bequem ist. Das muss er auch nicht sein, denn der Herrscher ist ein Macher. Er trägt dafür Sorge, dass die Stabilität gewahrt wird und Strukturen aufgebaut und erhalten werden. Dies kann natürlich nicht ohne Disziplin funktionieren, deshalb versprüht »der Herrscher« auch immer eine gewisse Autorität. In seinem Handeln ist er eher konservativ und starr. Astrologisch wird er auch dem Widder zugeordnet, was unglaublich gut zu ihm passt, denn der ist ebenfalls sehr zäh und möchte zuweilen gern mit dem Kopf durch die Wand. Jetzt! Sofort!

Shine your light: Du hast heute noch To-dos? Sehr gut! Auch wenn der Herrscher vielleicht ein bisschen zu viel davon hat, Disziplin ist nicht immer verkehrt. Manchmal tut es einfach gut, Dinge durchzuziehen und danach stolz zu sehen, was man geschafft hat. Also kreier dir eine Wohlfühlatmosphäre, schalt dein Handy in den Flugmodus und erledige einfach mal die ersten zwei Dinge deiner To-do-Liste – ganz ohne Ablenkung. Du wirst sehen, wahrscheinlich macht es dir so viel Spaß, dass du die anderen Dinge ebenfalls abhaken möchtest.

Affirmation:
Ich kann alles schaffen.

V – Der Hierophant

Licht: Spiritualität, Vertrauen in das Universum, inneres Wissen, die eigene Wahrheit vertreten, guter Rat.
Schatten: fehlendes Vertrauen, überholte und einschränkende Werte.

Bedeutung: »Der Hierophant« als spiritueller Lehrer schafft eine Verbindung zwischen dem Irdischen und dem Universum. Er ist gänzlich im Vertrauen in eine höhere Macht. Er vertritt seine eigene Wahrheit und steht im engen Kontakt mit seinem höheren Selbst. Er lebt getreu seiner Werte und spiegelt diese auch anderen Personen. Tritt »der Hierophant« in einer konfliktreichen Legung auf, ist es ratsam, die eigenen Werte einmal zu hinterfragen und sich darüber bewusst zu werden, ob sie noch immer passend oder längst überholt sind.

Shine your light: Welche Werte vertrittst du? Konzentrier dich auf die drei für dich wichtigsten und reflektiere, ob du sie auch zu deiner Zufriedenheit lebst.

Affirmation:
Ich lebe meine Wahrheit.

VI – Die Liebenden

Licht: Entscheidungen aus dem Herzen treffen, Verbindungen, Liebe, Harmonie herstellen.
Schatten: sich nicht entscheiden wollen oder können, Disharmonie.

Bedeutung: In ihrer Lichtseite ist »Die Liebenden« eine schöne, unterstützende und liebevolle Karte. Zunächst steht sie natürlich für tiefe Verbindungen, Harmonie und liebevolle Beziehungen – auch wenn sie oft mit einem Berg zwischen zwei Menschen dargestellt wird. Denn sie zeigt uns, wie unterschiedlich wir sind und dass wir manchmal Hürden überwinden müssen, bevor wir in Liebe zusammenkommen können. Darüber hinaus steht sie für Entscheidungen, die mit dem Herzen getroffen werden. Welche Entscheidung entspricht dir in deiner Überzeugung, deinem Inneren? Wenn du nur aus Liebe wählen könntest, wofür würdest du dich entscheiden?

Shine your light: Lass dich auf eine kleine Traumreise ein. Stell dir vor, wie du durch ein magisches Tor gehst und auf der anderen Seite erlebst du einen Tag in deinem Wunschleben, in dem alles möglich ist – ganz ohne Ängste. Was nimmst du wahr? Spür es mit allen Sinnen. Wie riecht der Ort? Was hörst du? Wie schmeckt dieses Leben für dich?
Schreib alles auf, nachdem du von deinem Traumtag zurück bist. Gibt es dabei etwas, das du heute schon hast und öfter leben kannst? Oder etwas, das sich in deinen Alltag integrieren lässt? Wähle die Liebe und mach es!

Affirmation:
Ich entscheide in Liebe.

VII – Der Wagen

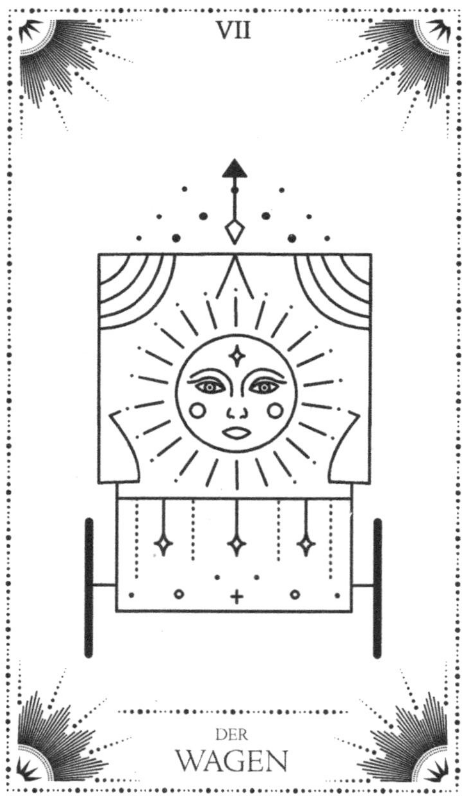

Licht: Fokus, Aufbruch, Zielführung, Selbstbestimmung, Entschlossenheit.
Schatten: Unsicherheit, Selbstzweifel, Orientierungslosigkeit.

Bedeutung: Du hast die Zügel in der Hand! Yes, die Reise darf beginnen. Alle Zeichen stehen auf Aufbruch. »Der Wagen« ist die Karte für Selbstermächtigung und Eigenverantwortung. Mit dem Blick nach vorn und einem klaren Fokus lenkst du entschlossen und zielgerichtet. Wichtig ist, dass du dabei den Überblick behältst, sei es über die Straße oder über die Richtung deines Weges. Auch wenn »der Wagen« »volle Kraft voraus« ankündigt, darfst du dir bewusst machen, dass diese Energie nicht ewig anhält. Deshalb nutze den Anfangsauftrieb für deine neue Herausforderung und vergiss die Pausen zwischendurch nicht.

Shine your light: Leg los! Nicht morgen, nicht übermorgen – jetzt! Verwandle Träume in Pläne und setze sie um. Es ist *dein* Moment.

Affirmation:
Ich erreiche mein Ziel.

VIII – Kraft

Licht: Mut, liebevoller Krafteinsatz, innere Stärke, eigene Ängste überwinden, Besonnenheit.
Schatten: Kontrollverlust, Unruhe.

Bedeutung: In dir schlummert eine innere Stärke, von der du möglicherweise gar nichts weißt. Vielleicht wird sie nun auf eine Probe gestellt, wenn es gilt, Ängste oder alte Verhaltensweisen zu überwinden. Wichtig ist dabei, dir bewusst zu machen, dass diese Energie liebevoll eingesetzt werden darf. Manchmal braucht es etwas mehr Geduld, als wenn Dinge »gewaltsamer« und schneller umgesetzt werden, aber es ist nachhaltig für dich und deine Entwicklung. Auch wenn du merkst, dass du anderen kräftemäßig überlegen bist (in welcher Form auch immer), nimm dir Zeit für die Bedürfnisse deiner Mitmenschen. Hab Mitgefühl und Empathie, wenn du in den Dialog gehst und dich für deine Bedürfnisse einsetzt.

Shine your light: Was hast du in der letzten Zeit gemeistert? Konntest du vielleicht auch andere bei ihren Zielen unterstützen? Mach dir deine Stärken bewusst, gerade in den Momenten, in denen du dich kraftlos und erschlagen fühlst.

Affirmation:
Ich bin in meiner Kraft.

IX – Der Eremit

Licht: Innenschau, Zeit für sich, innere Führung, Schritt für Schritt, Reife.
Schatten: Isolation, Einsamkeit.

Bedeutung: »Der Eremit«, eine meiner Top-drei-Lieblingskarten. Warum? Weil der Eremit in uns allen steckt und für uns alle wichtig ist. Sich zurückzuziehen, sich loszumachen vom Einfluss und den Erwartungen der Gesellschaft ist von Zeit zu Zeit sehr wichtig. »Der Eremit« nimmt sich bewusst eine Auszeit, allein und ungestört. Oft wird er mit einer Laterne dargestellt, die von einem einzelnen Stern beleuchtet wird. Damit erinnert er uns daran, dass es manchmal wichtig ist, das Jetzt zu beleuchten und sich auf den nächsten Schritt zu konzentrieren und nicht auf den ganzen Weg. Das große Ganze zu sehen hat zwar viele Vorteile, erschlägt uns aber oftmals auch. Deshalb hat der Eremit auch eine Laterne und keine Taschenlampe. Es geht darum, zu überlegen, was der nächste Schritt sein darf und wie wir ihn gestalten, wenn wir ganz bei uns selbst sind.

Shine your light: Wie wäre es mit einem Spaziergang an einem Ort, an dem du zuvor noch nie gewesen bist – ganz ohne Handy, Hörbuch oder Musik. Nimm bewusst wahr, entscheide dich für Wege und halt an, wenn dir etwas gefällt, um es dir genauer anzusehen. Nimm dir für diesen Spaziergang nichts vor. Wenn du loslässt und nichts erwartest, wirst du oftmals überrascht. Lass die Gedanken fließen und beobachte einfach mal, wohin sie dich tragen.

Affirmation:
Ich gebe der Stille Raum.

X – Rad des Schicksals

Licht: ein Wendepunkt, dem Leben vertrauen (»Go with the flow«), die richtige Zeit, Weg der Berufung.
Schatten: Ungleichgewicht, Fremdbestimmung.

Bedeutung: Mit dem »Rad des Schicksals« steht ein Wendepunkt an. Nun darf sich etwas fügen, auf das du möglicherweise lange gewartet hast. Vielleicht gab es eine längere Durststrecke, die nun endlich überwunden ist. Vielleicht hast du auch lange auf den richtigen Moment gewartet, nun steht er kurz bevor. Wichtig ist jedoch auch hier, dass du dir bewusst machst, dass du dein Leben selbst in der Hand hast. Manchmal scheint es, als könnte man Jahre auf den richtigen Moment warten und er kommt einfach nie. Das Leben ist ein Zyklus, das Rad dreht sich täglich weiter.

Shine your light: Lass das Schicksal entscheiden! Schlag ein Buch auf einer beliebigen Seite auf und lies sie dir durch. Spricht dich ein Wort besonders an? Was assoziierst du damit? Hast du Lust, es umzusetzen (vielleicht einen »Kaffee« zu trinken) oder dazu eine Mindmap zu erstellen (zum Beispiel beim Wort »Glück«)? Lass deiner Kreativität freien Lauf.

Affirmation:
Jeder Tag ist ein neuer Anfang.

XI – Gerechtigkeit

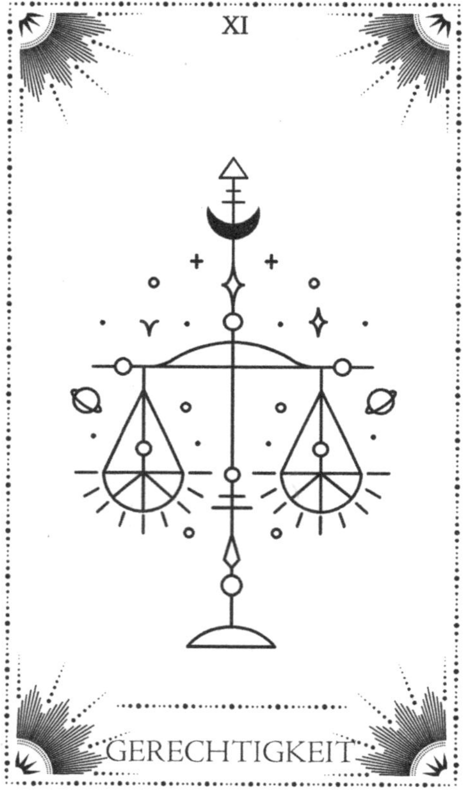

Licht: Gerechtigkeit, Fairness, erst abwägen, dann handeln, ehrlich mit sich selbst sein, Selbstverantwortung.
Schatten: Ungerechtigkeit, gegen die eigene Moral handeln.

Bedeutung: Bei der »Gerechtigkeit« geht es um das große Ganze. Wir dürfen unser Handeln in Relation zu unserem Umfeld und der Gesellschaft setzen. Die Karte hält uns dazu an, die gegenwärtige Situation objektiv zu betrachten und die Auswirkung unserer Entscheidung auf alle Beteiligten zu reflektieren. Fairness und Gerechtigkeit sollten dabei im Fokus stehen. Es ist allerdings auch wichtig, die Situation nicht bis ins Kleinste zu analysieren, sondern auch ins Handeln zu kommen, was hier sehr schön mit der Pfeilspitze oben an der Waage dargestellt wird. Sei ehrlich mit dir selbst und stell dich deinen Schwächen, Vorwürfen und Vorurteilen. Hier darf es nicht um (faule) Kompromisse gehen, sondern um einen Konsens, der sich für alle gut und richtig anfühlt.

Shine your light: Gerechtigkeit beginnt im Kleinen. Gibt es eine Situation, in der du unfair warst? Zu dir oder anderen? Was hast du aus dieser Situation gelernt und wie möchtest du dich in Zukunft verhalten?

Affirmation:
Ich erfahre Gerechtigkeit.

XII – Der Gehängte

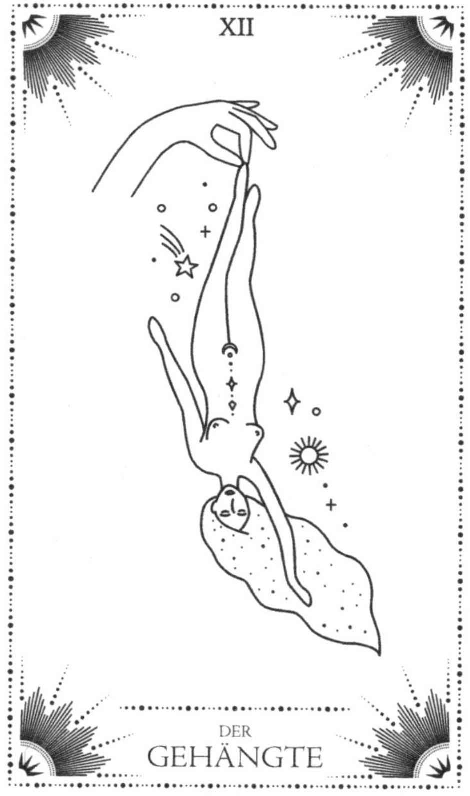

Licht: Perspektive wechseln, Shift im Mindset, Erleuchtung finden, Befreiung.
Schatten: Handlungsunfähigkeit, Opferhaltung.

Bedeutung: Achtung Sackgasse! Wie oft fühlen wir uns, als stünden wir vor einer Wand und kämen nicht weiter? Bei dieser Karte geht es darum, einmal bewusst die Perspektive zu wechseln. Vielleicht stehst du gar nicht vor einer Wand, sondern vor einer Tür? Nun ist es wichtig, einen Schritt zurückzutreten und sich noch einmal der gegenwärtigen Situation bewusst zu werden. Vielleicht hilft ein neuer Blickwinkel, um die Situation aus einer anderen Perspektive zu beleuchten und so die Lösung zu finden.

Shine your light: Wie würde eine Person deine aktuelle Situation einschätzen, die das Ganze objektiv betrachtet? Gibt es jemanden, der nicht so tief im Thema steckt und den du einmal nach seiner Einschätzung fragen könntest? Oftmals hilft es schon, die Thematik auf wenige Sätze herunterzubrechen, um selbst eine Erleuchtung zu bekommen. Und falls nicht, hat dein Gegenüber möglicherweise die richtigen Impulse, um den Stein ins Rollen zu bringen …

Affirmation:
Ich finde einen neuen Blickwinkel.

XIII – Tod

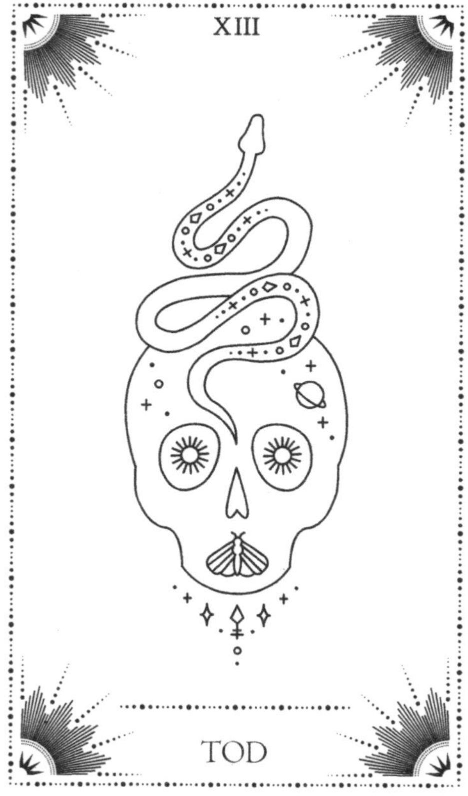

Licht: Transformation, Erlösung, vollständige Verwandlung, Loslassen.
Schatten: Trauer, Abschied, Stagnation, nicht loslassen können.

Bedeutung: Ich gebe es zu, »Tod« ist eine Karte, die in Legungen nicht allzu gern gesehen wird. Doch warum eigentlich? Die Karte birgt unheimlich viel Potenzial, auch wenn seiner Umsetzung eine gewisse Transformation vorausgeht. Diese Erneuerung wird hier auch sehr schön durch die Symbolik einer Schlange verdeutlicht. Ich vergleiche die Karte gern mit der Metamorphose einer Raupe zum Schmetterling. Sie muss sich aufgeben, um als etwas Neues geboren zu werden. Dass dies oft von Angst begleitet wird, ist vollkommen normal. Wir fürchten uns davor, die Kontrolle zu verlieren, wenn wir nicht wissen, was kommt. Daher ist hier das Vertrauen ins Leben und in die eigenen Fähigkeiten wichtig. Du darfst loslassen, um auf die nächste Stufe zu kommen, und du hast die Kraft, diesen Prozess durchzustehen. Wachstum kann anstrengend und schmerzhaft sein, doch danach warten neue Möglichkeiten und Erkenntnisse auf dich. Nicht ohne Grund hat der »Tod« hier auch die Sonne(n) im Blick.

Shine your light: Mach ein kleines Ritual nur für dich selbst, indem du die Dinge aufschreibst, die du bewusst loslassen möchtest. Diesen Zettel verbrennst du anschließend (bitte auf eine feuerfeste Schale oder Ähnliches achten). Lass diese Erfahrungen, Ängste oder Erlebnisse in Frieden gehen und gib allen Emotionen (Trauer, Wut, Ohnmacht …) Raum. Bedanke dich dafür und öffne dich für alles Neue, das in dein Leben kommen darf.

Affirmation:
Ich lasse los.

XIV – Mäßigkeit

Licht: Balance, Gelassenheit, das richtige Maß, Heilung, alles im Einklang.
Schatten: Ungleichgewicht, Ungeduld, Langeweile.

Bedeutung: Finde deine gesunde Mitte. Alles darf in Balance sein. Dies ist keine Karte des Fortschritts oder Wachstums, hier geht es vorwiegend um eine Bestandsaufnahme, eine Art Entschleunigung und das Jetzt. Wir dürfen reflektieren. Sind unsere Kelche ausreichend gefüllt oder agieren wir gerade über unsere eigenen Kräfte hinaus? Wie sieht es mit unserem Körper aus? Schenken wir ihm genug Aufmerksamkeit, Zeit zur Heilung bei Krankheit, sind wir geduldig mit ihm, wenn es um Sport oder Leistung geht? Die »Mäßigkeit« hält uns dazu an, liebevoll mit uns selbst zu sein, und uns bewusst zu machen, dass Erholung wichtig ist, um schlussendlich in Fülle und harmonischer Balance zu leben.

Shine your light: Achte auf eine gesunde Balance. Bedank dich heute einmal bei deinem Körper. Vielleicht machst du eine Session Yoga oder du stellst dich vor den Spiegel und bedankst dich für deine Gesundheit. Es geht primär darum, dass du dich selbst wichtig nimmst und sowohl deine körperliche als auch deine seelische Gesundheit nicht für selbstverständlich erachtest.

Affirmation:
Ich bin liebevoll mit mir und achte auf meine Ressourcen.

XV – Der Teufel

Licht: Schattenarbeit, Abhängigkeiten erkennen, mit ungesunden Gewohnheiten brechen.

Schatten: Verstrickung, Energievampire, freiwillige (Co-)Abhängigkeit, ungesunde Beziehungen.

Bedeutung: Keine Panik! »Der Teufel«, ähnlich wie der »Tod«, ist eine Karte, bei der man sich erst mal erschrecken kann, wenn sie in einer Legung auftaucht. Und zugegeben, es gibt sicherlich Karten, die man sich mehr wünscht. Dennoch hat auch diese Karte ihre Lichtseiten: Sie zeigt uns, dass gerade etwas in unserem Leben nicht unbedingt in gesunden Bahnen verläuft. Möglicherweise weist sie auf Laster, Süchte oder eine Abhängigkeit hin, in der wir uns befinden. Gleichzeitig macht sie uns darauf aufmerksam, dass die Verantwortung bei uns liegt. Wir haben uns verführen lassen. Das Schöne dabei ist, dass wir die volle Aktionsfähigkeit behalten. Wir entscheiden über unser Tun und können uns lösen.

Shine your light: Gibt es gerade Extreme (ein Beispiel hierfür wäre der Zwang, jeden Tag Sport machen zu müssen) oder Abhängigkeiten in deinem Leben, von denen du dich gern lösen würdest? Liegt darunter vielleicht etwas, vor dem du dich schützen möchtest? Musst du davor überhaupt noch beschützt werden oder gibt es alternativ eine gesunde Option, dich davor zu schützen? Greif zu deinem Journal und schreib einfach mal drauflos …

Affirmation:
Ich bin unabhängig.

XVI – Der Turm

Licht: Raum für Neues wird geschaffen, Durchbruch, radikale Veränderung, Ausbruch aus alten Strukturen, Möglichkeit, sich neu zu erfinden.

Schatten: Zusammenbruch, Chaos, Trümmer, Sicherheitsverlust.

Bedeutung: Einmal tief durchatmen, es wird ruckelig. Mit dem »Turm« verlieren wir an Sicherheit. Alles fällt erst mal in sich zusammen. Das kann in ganz großem Stil passieren, indem wir etwas verlieren, das wir uns mühevoll erarbeitet haben. Es kann aber auch einfach ein Plan sein, in den viel Zeit und Liebe investiert wurde und der am Ende nicht aufgeht. Wichtig ist hierbei unser Mindset. Ja, es ist hart. Ja, es tut verdammt noch mal weh. Ja, es wird nicht einfach. Aber es bietet sich uns auch eine große Chance. Vielleicht stand unser Turm lange Zeit auf einem wackeligen Fundament und wir waren nur noch damit beschäftigt, an allen Ecken zu reparieren, zu machen und zu tun. Auch wenn wir uns gerade mitten im Chaos befinden und vielleicht nicht wissen, womit wir nun überhaupt anfangen sollen – wir dürfen uns eines bewusst machen: Wir haben jetzt die Chance, etwas Neues aufzubauen, auf einem stabilen Fundament, das wir ganz nach unseren Wünschen und Vorstellungen kreieren.

Shine your light: Bring deinen Turm sprichwörtlich zum Einstürzen. Hast du ein paar alte Bauklötze oder die deiner Kinder? Erfreue dich am Bauen eines Turms und noch mehr daran, ihn am Ende umzuwerfen. Sieh dir das Chaos an und mach dir bewusst, dass daraus ein toller neuer Turm entstehen darf, sofern du nur willst. Von Mal zu Mal wird er stabiler, höher, vielleicht sogar kreativer. Du hast keine Bauklötze? Kein Problem, finde etwas anderes Stapelbares wie Klopapierrollen oder Schuhkartons. Türme umwerfen macht mit jeglichen Alltagsgegenständen Spaß.

Affirmation:
Ich bin bereit für Veränderung.

XVII – Der Stern

Licht: Erfüllung finden, Träume verwirklichen, Berufung, Vertrauen in die Zukunft und das Universum, Reinheit.

Schatten: Sehnsucht, aber nicht benennen können, wonach; fehlende Vision.

Bedeutung: »Der Stern« – für mich die Glückskarte im Tarot. Wir sind hier ganz wir selbst, unabhängig von allen Vorstellungen oder Erwartungen der Gesellschaft, unserer Freunde oder der Familie. Wir sind in unserer Essenz und verkörpern, was wir sind. Diese Karte steht für die Erfüllung in jeglichen Lebensthemen. Hier kann es sowohl um die Berufung im Sinne des beruflichen Alltags, aber auch um die Berufung außerhalb dessen gehen, zum Beispiel im Bereich der Elternschaft, einem sozialen Engagement oder auch einem sich erfüllenden Traum. Wir sind, möglicherweise nach einer beschwerlichen Reise, endlich bei uns selbst angekommen – in Reinheit, ähnlich wie bei der Geburt. Nun dürfen wir voller Zuversicht in die Zukunft blicken.

Shine your light: Schenk dir einen Moment, in dem du dich selbst lebst, so wie du bist, egal was andere denken. Du wolltest schon immer einmal Eiskunstlauf ausprobieren, denkst aber, du bist mit achtunddreißig schon zu alt? Niemals! Buch dir eine Übungsstunde und genieße es. Wahrscheinlich wirst du in diesem Leben kein Profi mehr, aber wer weiß, vielleicht entwickelt sich daraus ein wundervolles Hobby, das dir Erfüllung bringt. Du bist du, und du darfst deine Träume leben, ohne Kompromisse.

Affirmation:
Ich bin ich.

XVIII – Der Mond

Licht: Wachstum durch Schattenarbeit, sich mit seinen tiefsten Bedürfnissen auseinandersetzen.

Schatten: Verwirrung, vieles ist unklar, Depression, Kontrollverlust, Ängste.

Bedeutung: Mit dem »Mond« liegt vieles im Verborgenen. Mondlicht strahlt nicht so hell, wie uns Romane oft vorgaukeln, und ohne starke Lichtquelle können wir alles nur schemenhaft erkennen. Was bedeutet das nun für uns? Mit dieser Karte geht es tief. Wir setzen uns noch einmal mit unseren eigenen Schattenthemen auseinander, aber auch mit unseren tiefsten Bedürfnissen und Sehnsüchten. Geben wir diesen bei Licht überhaupt genügend Raum und sollten sie schleunigst aus der dunklen Ecke hervorgeholt werden? Wir dürfen uns bewusst machen, dass unser Leben voll von Dualitäten ist. Wo Licht ist, ist auch Schatten und diesen dürfen wir annehmen. Die Annahme deiner Schattenthemen ist der erste Schritt zur Auflösung – und mit dem »Mond« bist du definitiv bereit dafür.

Shine your light: Plane für den nächsten Vollmond ein kleines Ritual. Kreiere eine eigene Vollmondlegung zum Erkennen deiner Schattenthemen … Was hilft dir, dich selbst zu erkennen und anzunehmen?

Affirmation:
Die Wahrheit liegt in mir.

XIX – Die Sonne

Licht: pure Lebensfreude, Strahlkraft, Unbeschwertheit, Optimismus, im Einklang mit dem inneren Kind sein.
Schatten: kindisches Verhalten.

Bedeutung: Hurra, die Sonne scheint und wir dürfen uns einfach zurücklehnen und das Leben genießen. Oft wird die Karte mit Sonnenblumen gezeigt, die unser Wachstum verdeutlichen. Nun ist es an der Zeit, ganz der Sonnenblume entsprechend, unser Gesicht der Sonne zuzuwenden und zu blühen. Dabei geht es um pure Freude und Unbeschwertheit. Darum, jeden Moment bewusst zu leben und auszukosten. Das Leben zu nehmen, wie es kommt, und dabei voller Freude und Optimismus zu bleiben. Sollte es sich gerade nicht unbedingt nach Sonnenschein anfühlen, kann die Karte auch dafür stehen, das Beste aus einer Situation herauszuholen. Im Hier und Jetzt zu bleiben und sich auf das Gute zu besinnen und das, wenn möglich, noch mehr zu leben.

Shine your light: Was wünscht sich dein inneres Kind gerade von dir? Was würde es glücklich machen? Gib dir Raum, deine kindliche Seite auszuleben, aus vollem Herzen zu lachen und den Moment, so wie er ist, zu genießen. Verschwende deine Gedanken nicht an gestern oder morgen, lebe das Jetzt.

Affirmation:
Die Sonne scheint für mich.

XX – Gericht

Licht: Befreiung und Wiedergeburt, lang ersehnter Wandel, Selbstannahme und Selbstvergebung.
Schatten: (Selbst-)Verurteilung.

Bedeutung: Der Tag des Gerichts ist gekommen. Was episch und ein wenig gruselig klingt, ist eigentlich etwas sehr Kraftvolles. Mit dem »Gericht« wird es nämlich Zeit, sich von alten Fesseln zu befreien, wiederaufzuerstehen und Erlösung zu finden. Wir erfahren einen Wandel, den wir uns schon lange herbeigesehnt haben. Möglicherweise haben wir uns viel zu lange zurückgehalten oder Angst gehabt, uns in unserer vollen Größe zu zeigen. Damit ist jetzt Schluss! Wir dürfen Raum einnehmen, für uns selbst und unser Leben einstehen und uns radikal von alten Mustern und Glaubenssätzen frei machen. Dabei steht die Selbstannahme im Mittelpunkt und die Bewusstwerdung, dass niemand frei von Fehlern ist. Deshalb können wir vor diesem »Gericht« auch nur gewinnen, wenn wir uns selbst vergeben und uns in allen Facetten annehmen.

Shine your light: Du bist gut so, wie du bist. Zeig dich der Welt. Ob in schlabbriger Hose oder schickem Outfit. Geh raus und zeig dich. Sei stolz auf dich selbst, auf das, was du erreicht hast, auf die Fehler, aus denen du gelernt hast und die dich haben wachsen lassen. All das ist ein Teil von dir und macht dich zu dem Menschen, der du heute bist. Darauf kannst du nicht nur heute stolz sein, sondern jeden Tag!

Affirmation:
Ich bin genau richtig.

XXI – Die Welt

Licht: Erfolgreicher Abschluss, Erfüllung, den Platz im Leben finden, (innerlich) ankommen, Happy End.

Schatten: eine Lebensphase nicht beenden wollen, etwas noch aufschieben wollen.

Bedeutung: Wir sind endlich angekommen. Ein Kreis schließt sich, ein Zyklus geht zu Ende. Wir haben unseren Platz gefunden und durften auf unserer (langen) Reise unendlich viel lernen und Erfahrungen fürs Leben sammeln. Nun finden wir einen erfolgreichen Abschluss, bringen eine Aufgabe oder ein Projekt zu Ende und können erst einmal durchatmen, bevor eine neue Reise geplant werden darf. Genieß dein persönliches Happy End – egal in welchem Lebensbereich es sich zeigt. Du darfst dich an der Fülle erfreuen und deine innere Wahrheit leben.

Shine your light: Bring etwas zu Ende! Egal was es ist, eine angefangene E-Mail, ein halbfertig gestrickter Schal, ein noch nicht ausgelesenes Buch, bring es zu Ende und erfreue dich daran. »Die Welt« zeigt sich auch manchmal in den einfachen Dingen und ein kleines Happy End kann ebenso Freude bringen.

Affirmation:
Ich habe meinen Platz in der Welt.

Tarot-Spreads für den Alltag

Nun bist du schon einmal intensiv in die Welt des Tarot eingetaucht. Was folgt nun darauf? Richtig, dieses ganze Wissen darf Platz in deinem Leben finden und in deinen Alltag integriert werden. Tarot ist eines jener Tools, das nicht von der Theorie lebt, sondern von der Übung, von deinem Gefühl, deinen Erfahrungen und deiner Seelensprache. Deshalb geht es nun darum, für dich Möglichkeiten zu finden, die Karten in dein Leben einzubeziehen. Die nächsten Kapitel versorgen dich mit ein paar Tipps und Inspirationen, damit du spielend leicht starten kannst und viel Freude am Üben hast.

Wir beginnen mit ein paar Legemustern – Spreads genannt –, die mich sowohl durch meinen Alltag als auch durch meine Readings mit Kundinnen und Kunden begleiten. Sie bilden eine wunderbare Grundlage, um das Tarot in verschiedenen Lebensbereichen einzusetzen.

Im nächsten Schritt gebe ich dir ein paar Tools an die Hand, damit du eigene Spreads kreieren kannst, die dich in deiner Tarot-Arbeit unterstützen. Mir ist wichtig, dass du das Tarot für dich entdeckst und mit deiner eigenen Weisheit und Intuition ausbaust. Niemand sieht und fühlt die Karten so wie du – und genau das ist deine Stärke. Deshalb kannst du dir auch Legemuster ausdenken, die dir genau die Informationen liefern, die du gerade benötigst.

Meine liebsten Legemuster

Die Tageskarte

Es ist ganz einfach: Du ziehst eine Karte am Morgen oder am Abend. Die Tageskarte eignet sich gerade am Anfang sehr gut, um die Karten kennenzulernen und ihre Deutung zu üben. Mit einer Tageskarte erhältst du schnelle Erfolgserlebnisse und überforderst dich nicht damit, dass du versuchst, Karten zu kombinieren und zusammen zu verstehen.

Für die Tageskarte gibt es verschiedene Möglichkeiten. Die klassische Variante wäre, dass du dir am Morgen eine Karte ziehst, diese direkt umdrehst und deutest und somit einen Eindruck davon bekommst, was dich an diesem Tag erwartet. Somit hast du die Chance, auf mögliche Energien und Themen vorbereitet zu sein.

Dies kannst du noch individueller gestalten, indem du dir am Morgen eine Frage stellst, zum Beispiel:

- Was erwartet mich heute?
- Worauf darf ich heute besonders achten?
- Was tut mir gut? Was brauche ich heute?
- Woran darf ich heute arbeiten?
- Was sollte ich heute lieber bleiben lassen?

Eine weitere Möglichkeit wäre, dir morgens eine Karte zu ziehen und diese erst einmal umgedreht liegen zu lassen. Am Abend kannst du sie umdrehen und in dich hineinfühlen und reflektieren. Wie passt diese Karte zu deinem Tag? Du kannst natürlich auch erst abends eine Karte ziehen und den Tag reflektieren. Da bist du ganz frei in deinen Möglichkeiten.

Der Wegweiser

Dieses Legemuster eignet sich wunderbar für Verläufe, einen Überblick über eine bestimmte Situation oder deine eigene Entwicklung. Wenn du also einmal schauen möchtest, wie sich die Dinge mit deiner aktuellen Ausrichtung entwickeln können und worauf du achten darfst, ist dieses Legemuster eine gute Wahl.

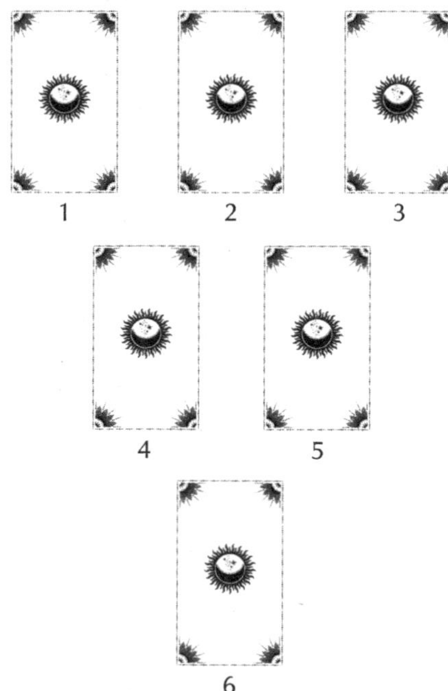

- Drei Karten oben = Wie ist die aktuelle Situation oder was ist gerade wichtig für mich?
- Zwei Karten in der Mitte = Wie entwickelt es sich oder was hilft mir in meiner Entwicklung?
- Eine Karte unten = Darauf läuft es hinaus oder dahin darf ich mich entwickeln.

Herzensentscheidung

Nach unzähligen Pro-und-Contra-Listen hast du noch immer keine Entscheidung getroffen? Dann ist diese Entscheidungslegung genau das Richtige für dich. Sie ist ein hilfreiches Tool, wenn es um Entscheidungen geht, bei denen du zwischen zwei Optionen schwankst. Dieser Spread eignet sich zudem für Ja/Nein-Entscheidungsfragen. In diesem Fall wäre Ja Option A und Nein Option B.

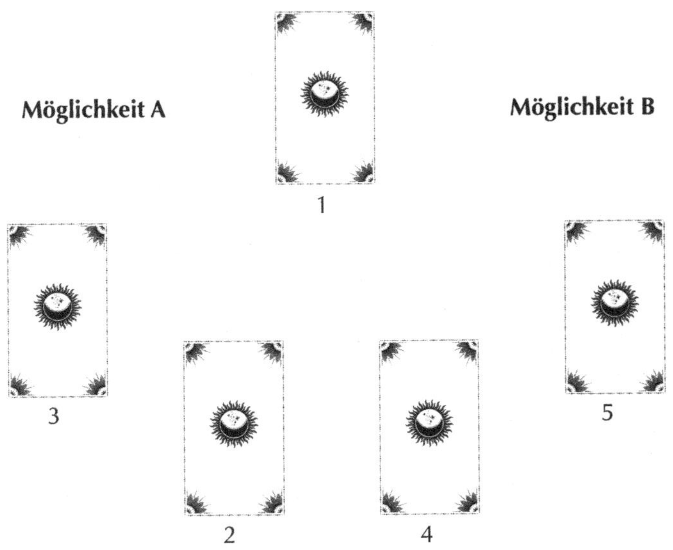

1. Indikatorkarte (oben): Worum geht es in dieser Entscheidung eigentlich? Was liegt darunter?

Möglichkeit A (links)

2. Karte: Wie fühle ich mich, wenn ich mich für diese Möglichkeit entschieden habe?
3. Karte: Wie entwickelt sich meine Situation, wenn ich mich dafür entscheide?

Möglichkeit B (rechts)

4. Karte: Wie fühle ich mich, wenn ich mich für diese Möglichkeit entschieden habe?
5. Karte: Wie entwickelt sich meine Situation, wenn ich mich dafür entscheide?

Augen auf!

Mit diesem Spread hast du alles, was du brauchst, um verschiedenste Situationen zu beleuchten. Ich liebe diese Legung, weil sie so einfach ist, aber tiefe Erkenntnisse bringen kann. Du kannst selbst entscheiden, wie du bei den Karten 1 und 4 den Fokus setzt.

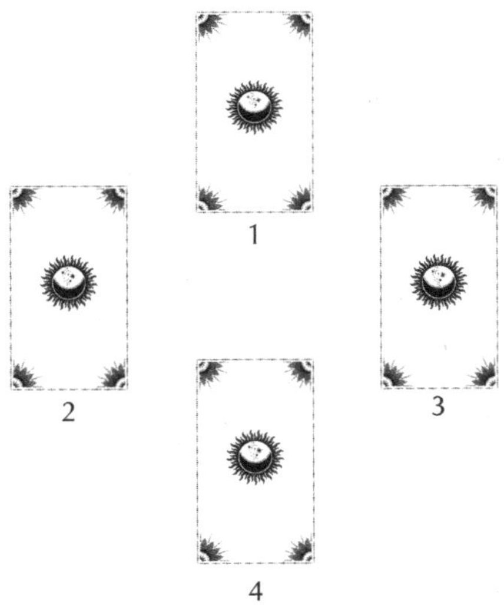

1. Ausgangslage oder das steht dahinter.
2. Das ist gerade wichtig.
3. Das ist gerade unwichtig.
4. Ausblick oder ein Rat für dich.

Legungen mit drei Karten

Wenige Karten – große Wunder. Mit lediglich drei Karten kannst du zu tiefen Erkenntnissen kommen:

Selfcare

1. Das brauche ich gerade.
2. Das unterstützt mich dabei.
3. Das darf gehen.

Liebe

1. Das sagt mein Herz.
2. Das brauche ich wirklich.
3. Davor verschließe ich die Augen.

Problemlöser

1. Das steht hinter meinem Problem.
2. Das hilft mir, es zu lösen.
3. Das ist mein nächster Schritt.

Heilung

1. Das steht hinter meinem Schmerz oder meinem Thema.
2. Das darf ich loslassen.
3. Das hilft mir zu heilen.

Bonus: Eigene Spreads kreieren

Tarot-Spreads arbeiten meist auf mehreren Ebenen. Sie bieten einen Überblick über die aktuelle Situation und bieten Lösungsideen oder nächste Schritte an. Wenn du also selbst einen Spread kreieren möchtest, schau, was du zu deinem Thema gerade wissen musst. Stell die Fragen zu den Kartenpositionen so, dass sie dir einen Mehrwert bringen. Hier eine Beispielidee für Legungen mit drei Karten:

1. Gegenwart: Was ist gerade los? Was brauche ich gerade? Das zeigt sich mir. Daran darf ich gerade arbeiten. Und so weiter.
2. Tieferes Verständnis entwickeln: Was liegt dahinter? Welche Ängste zeigen sich mir? Was darf ich loslassen, um …? Was habe ich bisher nicht beachtet?
3. Heilung & Zukunftsblick: Was hilft mir, besser mit der Situation umzugehen? Wie erfahre ich Heilung? Was unterstützt mich bei …? Was ist der nächste Schritt?

Überleg dir doch mal einen kleinen Spread mit drei Karten und probier ihn einfach aus. Solltest du beim Interpretieren merken, dass die Antworten noch nicht richtig rund sind, kannst du die Fragen anpassen und dein Legemuster bald erneut ausprobieren. Tarot ist in jeglicher Hinsicht Selbsterfahrung.

Tarot-Journaling

Eine tolle Methode, um dich unabhängig von (aufwendigen) Spreads mit dir selbst zu verbinden und deine Intuition zu schulen, ist Tarot-Journaling. Dabei ziehst du dir eine Karte zu einer Frage, die dich beschäftigt. Ohne lange zu überlegen, zu interpretieren oder gar nachzuschlagen, schreibst du einfach drauflos, was du mit dieser Karte zu deinem Thema verbindest. Stell dir zuvor am besten einen Timer auf drei oder fünf Minuten und schreib alles auf, was dir in den Sinn kommt. Besonders wirkungsvoll ist es, wenn du dabei den Stift nicht absetzt. Sobald du eine Pause machst, kommt das Ego ins Spiel, weil du wieder beginnst zu überlegen, und darum soll es beim Journaling nicht gehen. Es ist ganz egal, ob die Sätze schön klingen oder manches vielleicht gar keinen Sinn ergibt. Wichtig ist, dass du alles aufschreibst, was sich dir gerade zeigt. Und sollte partout gar nichts mehr kommen, dann male die restliche Zeit. Du wirst sehen, es ist unheimlich magisch und bereichernd, welche tiefen Erkenntnisse diese einfache Methode liefern kann.

Probier es doch gleich mal aus: Welche Frage brennt dir gerade auf der Seele? Zieh eine Karte, stell dir den Timer und schreib los. Ganz ohne nachzudenken.

Mit dem Tarot durch das Jahr

Ich finde es unglaublich schön, mich vom Tarot durch das Jahr begleiten zu lassen. Diese Praxis schafft eine schöne Routine und immer wieder Raum, mich mit mir selbst auseinanderzusetzen. Ich nehme mir bewusst Zeit für mich und meine Themen, ganz unabhängig davon, welche Entscheidungen ich gerade zu treffen habe oder was sonst so los ist. Dabei nutze ich nicht nur die Energien der Karten, sondern auch die der Planeten.

Der Jahreslauf anhand der Tierkreiszeichen

Wie das Tarot beschäftigt sich auch die Astrologie mit den universellen Energien. Daher liegt es nahe, beide Tools im Einklang zu nutzen. Eine Einführung in die Astrologie zu geben, würde an dieser Stelle zwar den Rahmen sprengen, dennoch finde ich es wichtig, dir einen ganz kleinen Überblick zu geben wie du das Tarot astrologisch einsetzen kannst – und dafür brauchst du nicht einmal Astrologiekenntnisse.

Ich liebe diese Möglichkeit und nutze sie für mich selbst und andere regelmäßig. Dabei geht es vorwiegend darum, in welchem Tierkreiszeichen sich die Sonne aktuell befindet und wie wir diese Energie für uns nutzen können. Die Sonne steht in der Astrologie für uns selbst, für unsere Identität und unsere Persönlichkeit, deshalb hat ihr Stand auch einen sehr großen Einfluss auf uns.

Astrologisch beginnt das Jahr mit dem Widder, deshalb werde ich bei der Vorstellung der Sternzeichen-Spreads ebenfalls mit dem

Widder beginnen. Ich stelle dir die wichtigsten Eigenschaften des jeweiligen Tierkreiszeichens kurz vor. Darunter findest du drei inspirierende Fragen, zu denen du jeweils eine Karte ziehen kannst. All das kann dich im entsprechenden Zeitraum begleiten und unterstützen. Du kannst die Spreads für diese Zeiträume nutzen, auch wenn du selbst ein anderes Sternzeichen hast. Bei den Legungen geht es primär gar nicht darum, was für dich mit Sternzeichen Löwe oder Wasserman wichtig ist, sondern darum, wie du mit den aktuell vorherrschenden Energien am besten arbeitest und umgehst.

♈ Widder (21. März bis 20. April)

Affirmation: »Ich gehe meinen Weg.«
Eigenschaften: durchsetzungsfähig, impulsiv, aktiv.

- Wie kann ich mich in schwierigen Situationen noch besser durchsetzen?
- Welche neuen, empowernden Gewohnheiten darf ich in mein Leben einladen?
- Was hilft mir dabei, mich in diesem Prozess besser zu erden?

♉ Stier (21. April bis 20. Mai)

Affirmation: »Ich bin sicher.«
Eigenschaften: sinnlich, geduldig, ruhig & besonnen.

- Wie finde ich mehr Ruhe im Alltag?
- Was kann ich tun, um mich bei Stress besser abzugrenzen?
- Wie kann ich mehr Sinnlichkeit in mein Leben einladen?

♊ Zwillinge (21. Mai bis 21. Juni)

Affirmation: »Ich teile meine Gedanken.«
Eigenschaften: neugierig, kommunikativ, vielseitig.

- Was ist mein Learning aus den letzten Monaten?
- Was hilft mir, noch besser zu kommunizieren?
- Welchem Lebensbereich darf ich noch mehr Aufmerksamkeit schenken?

♋ Krebs (22. Juni bis 22. Juli)

Affirmation: »Ich nehme meine Gefühle wahr.«
Eigenschaften: fürsorglich, empathisch, sentimental.

- Wo darf ich in die Heilung kommen?
- Wie kann ich mein Herz öffnen und mich trotzdem liebevoll abgrenzen?
- Welche Emotionen sind mir nicht länger dienlich?

♌ Löwe (23. Juli bis 23. August)

Affirmation: »Ich bin mutig.«
Eigenschaften: kreativ, stolz, schöpferisch.

- Was bringt mich zum Strahlen?
- Wie kann ich mein Licht in die Welt bringen?
- Wo darf ich noch mehr Raum einnehmen?

♍ Jungfrau (24. August bis 23. September)

Affirmation: »Ich ordne und optimiere.«

Eigenschaften: ordentlich, perfektionistisch, verbunden (Körper & Geist).

- Was hilft mir, mich noch besser zu ordnen?
- In welchem Lebensbereich ist mir mein Perfektionismus nicht länger dienlich?
- Was kann ich mir in der kommenden Zeit Gutes tun?

♎ Waage (24. September bis 23. Oktober)

Affirmation: »Ich bin in Balance.«
Eigenschaften: harmoniebedürftig, ausgeglichen, unentschieden.

- Wie treffe ich Entscheidungen mit mehr Leichtigkeit?
- Welche Entscheidung sollte ich nicht länger aufschieben?
- Wie finde ich mehr Balance und Harmonie für mich?

♏ Skorpion (24. Oktober – 22. November)

Affirmation: »Ich gehe tief und transformiere.«
Eigenschaften: tiefgründig, leidenschaftlich, dramatisch.

- Welchen Lebensbereich darf ich mir noch einmal näher ansehen?
- Was kann mich bei der Heilung alter Wunden unterstützen?
- Wie kann ich noch liebevoller mit mir selbst sein?

♐ Schütze (23. November bis 21. Dezember)

Affirmation: »Ich erweitere meinen Horizont.«
Eigenschaften: unabhängig, wissbegierig, optimistisch.

- Wo fehlt es mir an Unabhängigkeit?
- Wie kann ich diese Freiheit erreichen?

- Was hilft mir dabei, optimistisch zu bleiben oder meinen Optimismus zu stärken?

♑ Steinbock (22. Dezember bis 20. Januar)

Affirmation: »Ich erreiche mein Ziel.«
Eigenschaften: ehrgeizig, verantwortungsbewusst, realistisch.

- Was brauche ich, um meine Ziele zu erreichen?
- Worauf darf ich gerade den Fokus legen?
- Wo darf ich meinen Ehrgeiz etwas zurückstellen?

♒ Wassermann (21. Januar bis 19. Februar)

Affirmation: »Ich lebe meine Vision.«
Eigenschaften: innovativ, unkonventionell, freiheitsliebend.

- Welche Vision darf nun gelebt werden?
- Was hilft mir, mein Leben nach meinen Wünschen zu gestalten?
- Was stärkt mein Vertrauen, meinen eigenen Weg zu gehen?

♓ Fische (20. Februar bis 20. März)

Affirmation: »Ich vertraue meiner Intuition.«
Eigenschaften: intuitiv, verträumt, sensibel.

- Wie kann ich mich noch besser mit mir selbst verbinden?
- Was wollen mir meine Träume mitteilen?
- Wie kann ich meine Sensibilität als Stärke nutzen?

Tarot-Ideen für Voll- und Neumond

Neu- und Vollmond-Rituale sind gerade ein regelrechter Trend und das nicht zu Unrecht. Denn diese Tage haben energetisch einen ganz besonderen Einfluss auf uns und eignen sich daher hervorragend, um auch mit den Karten zu arbeiten. Die Energien des Mondes unterstützen uns sowohl beim Loslassen (Vollmond) als auch beim Manifestieren (Neumond). Wie auch die Sonne wandert der Mond durch die jeweiligen Tierkreiszeichen. Während die Sonne für das jeweilige Zeichen etwa einen Monat braucht, geht dies beim Mond deutlich schneller: Er wandert in durchschnittlich 29,5 Tagen einmal durch den gesamten Tierkreis.

Du kannst dich für Voll- oder Neumond-Spreads an den obigen Fragen orientieren und sie je nach Themenbereich (Vollmond: loslassen, sich erneuern. Neumond: manifestieren, planen) anpassen. Dabei ist wichtig, in welchem Tierkreiszeichen sich der Mond gerade befindet. Der Neumond eines Monats befindet sich immer im selben Tierkreiszeichen wie die Sonne, und der Vollmond liegt genau im Tierkreiszeichen gegenüber:

Neumond – Vollmond
Widder – Waage
Stier – Skorpion
Zwillinge – Schütze
Krebs – Steinbock
Löwe – Wassermann
Jungfrau – Fische
Waage – Widder
Skorpion – Stier
Schütze – Zwillinge
Steinbock – Krebs
Wassermann – Löwe
Fische – Jungfrau

Liebevolle Grenzen für dich

Mit meinen Worten und meinen Impulsen, das Tarot für dich zu entdecken, habe ich dich hoffentlich dazu ermutigt, Ja zu dir zu sagen. Ja in Form von mehr Zeit für dich, in der du dich ganz dir selbst widmest und dem, was gerade da ist. Ob das Themen aus deiner Vergangenheit sind, die du näher beleuchten möchtest, ob Entscheidungen anstehen oder einfach nur Me-Time mit den Karten – du bist wichtig! Und das zu betonen, ist mir das Wichtigste. Was mir aber auch sehr am Herzen liegt, ist zu sagen, dass es für alles Grenzen gibt. Wie ich zu Beginn bereits beschrieben habe, werden in unserer Zeit vermeintliche Lösungen wie am Fließband präsentiert. Doch Lösungen sind individuell. Gerade wenn du vorhast, für andere zu legen, und das vielleicht auch professionell angehen möchtest, solltest du zu Beginn klar deine Grenzen kommunizieren.

Ein Tarot-Reading ersetzt keine Psychologin, keinen Therapeuten und wir dürfen keine Heilversprechen geben. Wenn du merkst, dass jemand in einer mental schwierigen Verfassung ist, sprich das an. Auch Readings können tief gehen oder bestimmte Triggerpunkte treffen. Wenn du aber keine ausgebildete Therapeutin, kein ausgebildeter Therapeut bist, wirst du die Menschen, die zu dir kommen, in einer solchen Situation möglicherweise nicht ausreichend auffangen können. Deshalb mach deinem Gegenüber von vornherein klar, worauf es sich einlässt und wo deine Verantwortung aufhört und seine eigene beginnt.

Immer verzichte ich darauf, Menschen die Karten zu legen, die bereits (größere Mengen) Alkohol getrunken haben. Von Drogen ganz zu schweigen – aber in eine solche Situation kam ich bisher nie. Unter

Alkoholeinfluss können die Emotionen durchaus intensiver ausfallen, deshalb würde ich mich in diesem Fall zurückhalten. Außerdem ist die Aufnahmefähigkeit für Informationen eher eingeschränkt.

Vielleicht wird es auch Situationen geben, in denen dir Fragen gestellt werden, die du so nicht beantworten möchtest oder kannst. Ein klassisches Beispiel: »Hat er eine andere?« Wenn dir eine solche Frage im Reading gestellt wird, versuche sie umzuformulieren und mit deinem Gegenüber zu ermitteln, was hinter der Frage liegt. Sollte dies vehement abgeblockt werden, beende das Reading. Auch in diesem Fall, darfst du Ja zu dir sagen und deine Grenzen kommunizieren.

Abschließend möchte ich mich bei dir bedanken. Dass du bis hierher gekommen bist, bedeutet mir viel. Ich kenne es selbst so gut, dass man Bücher gern einmal querliest und zum Nachschlagen verwendet, was durchaus okay ist. Doch beim Schreiben habe ich gemerkt, dass so viel mehr zwischen den Zeilen steckt. Dadurch, dass ich das Tarot zurück in mein Leben geholt habe, durfte ich mich noch viel intensiver kennenlernen, bin durch tiefe Prozesse gegangen und konnte mich auf ganz anderen Ebenen verstehen. So sehr ich mich gefreut habe, so viele Tränen sind auch geflossen.

Für mich ist das Ende dieses Buches ein weiterer kleiner Abschied. Ich hatte eingangs erzählt, dass ich durch den Tod meiner Mama wieder Zugang zu den Karten gefunden habe und mit ihnen ein Stück mehr Vertrauen in mich. Durch das Erzählen meiner Geschichte und meiner Sicht auf die Karten konnte ich noch einmal mehr loslassen, wofür ich mehr als dankbar bin. Ich weiß also sehr gut, dass die Arbeit mit den Karten aufwühlend und manchmal auch schmerzhaft sein kann. Machen wir uns nichts vor, die Karten sagen uns nicht, was wir hören wollen, sondern das, was wir brauchen oder eben tief in uns fühlen. Das ist nicht immer einfach, deshalb: Sei stolz auf dich, dass du diesen Weg gehst. Dass du dich tief mit dir auseinandersetzen und dabei vielleicht auch andere Menschen unterstützen möchtest. Es ist nicht immer leicht, aber es lohnt sich.

Danksagung

Dieses Buch hat mir einiges abverlangt und hätte ich nicht die Unterstützung einiger Menschen gehabt, weiß ich nicht, ob ich heute diese Zeilen schreiben könnte. Ich durfte durch dieses Buch wachsen, weit mehr als nur über mich hinaus. Und dafür bin ich sehr dankbar. Die erste Person, der ich von meiner Idee eines intuitiven Tarotbuchs erzählt habe, war meine Agentin Claudia Wuttke. Entgegen meiner Vorstellung, sie würde mich womöglich für verrückt erklären, war sie sofort begeistert und hat ebenso sehr dafür gebrannt, wie ich es getan habe. Auch während meines Schreibprozesses hat sie mich begleitet und motiviert, wenn ich nicht mehr weiterwusste. Danke, dass du niemals aufgegeben hast, an mich und dieses Projekt zu glauben, liebe Claudia. Von ganzem Herzen danke ich zudem dem Heyne Verlag, der sich getraut hat, diesen Schritt mit mir zu gehen und dem Tarot damit endlich einen neuen und modernen Anstrich zu verpassen. Ganz besonders möchte ich mich in diesem Zuge bei meiner wundervollen Lektorin Peggy Walker-Pscheidt bedanken. Danke, dass du dich so für mich und das Buch eingesetzt hast. Du hast scheinbar unmögliche Dinge möglich gemacht und warst immer für mich und meine Fragen erreichbar. Das bedeutet mir sehr viel.

Danke an die beiden besten Tanjas in meinem Leben: Tanja Voosen, die mir in den schwersten Zeiten eine unverzichtbare Stütze war und auch noch heute ist. Könnten die Karten wirklich die Zukunft voraussagen, stünde uns sicherlich die Prophezeiung ewiger Freundschaft bevor – und, da bin ich ehrlich, etwas Schöneres könnte ich mir kaum vorstellen. Danke, dass du mich von Anfang an auf meinem Weg mit den Karten begleitet und mich dabei nie verurteilt, sondern immer bestärkt hast. Tanja Konrad – Du hast mir die Sicherheit gegeben, dieses Buch zu schreiben und letztendlich das Manuskript auch abzuschicken. Wie durch einen magischen Zufall haben wir uns durch die Karten kennengelernt und umso schöner ist es, dass daraus eine so wunderbare Freundschaft entstanden ist. Danke für alles!

Ein riesiges Dankeschön an die beste Familie überhaupt, Matthias, Mila und Philip sowie an meine Schwiegereltern Andrea und Hubert, die mich immer unterstützt und alles gegeben haben, dass ich in diesen chaotischen Zeiten die Möglichkeit zum Schreiben finde (selbst auf Mallorca) – ihr seid die Besten!

Außerdem möchte ich mich bei meinen lieben Klient*innen bedanken. Was wäre ich nur ohne euch? Ich danke euch für eure Offenheit und euer Vertrauen, mir und den Karten gegenüber. Ihr seid der Grund, warum ich selbst so viel lernen durfte in den letzten Jahren und es überhaupt möglich war, dieses Buch zu schreiben. Ganz viel Liebe für euch.

Und natürlich danke ich dir, liebe*r Leser*in. Du hast dich für »Intuitives Tarot« entschieden und somit dafür, dich dem Tarot zu widmen und deiner Intuition eine Stimme zu geben. Ich könnte nicht dankbarer sein.

Notizen